Eiskletter know-how

Praxisbezogenes Wissen für Einsteiger und Experten

Mindmap

Eisklettern erfordert sorgfältigste Überlegungen!

KLETTERTECHNIK NOTFALLMELDUNG

TOURENPLANUNG SICHERUNGSTECHNIK STANDPLATZ

ERSTE-HILFE MENSCH BERGRETTUNG RECHTLICHE ASPEKTE

ABSEILEN TAKTIK BEKLEIDUNG HARDWARE

SCHWIERIGKEITSBEWERTUNG PSYCHOLOGISCHE ASPEKTE

LAWINENWARNDIENST GELÄNDE ZUM EISKLETTERN

SPALTENBERGUNG EISKLETTERN UND LAWINEN

nhalt

Faszination Eistouren und Eisklettern

Bergsteigen mit seinen unterschiedlichen Spielformen ist wohl die attraktivste Natursportart, die es gibt.

Besonders das Eisklettern hat sich in den vergangenen Jahren enorm weiterentwickelt und wird immer beliebter. Der große Fortschritt bei der Entwicklung von Eisgeräten und Bekleidung hat dazu beigetragen, dass dieser Sport immer größeren Anklang findet.

Aber auch Hochtouren sind nach wie vor sehr beliebt, und das obwohl die Gletscher der Alpen stark zurückgegangen sind. Der Grund liegt vermutlich darin, dass klassische Eis- und Hochtouren eine enorme Faszination auf uns ausüben. Darüber hinaus sind hochalpine Bergtouren äußerst erlebnisreich.

Unser know-how für Sie

Mit diesem Buch möchten wir unser Wissen und unsere Erfahrung an Sie weitergeben.

Unser Ziel ist dabei komplizierte Sachverhalte kurz, präzise und praxisorientiert darzustellen.

Sie sollten über ein grundsätzliches Wissen verfügen, wenn Sie eine Hoch- oder Eistour durchführen möchten. Das notwendige know-how finden Sie anschaulich aufbereitet auf den nachfolgenden Seiten.

Desweiteren erhalten Sie Tricks, Ratschläge und notwendige Sicherheitsmaßnahmen für ein sicheres und erlebnisreiches Bergsteigen im alpinen Gelände.

Dieses Buch wurde sowohl für den Einsteiger als auch für den Experten geschrieben und stellt somit eine kompakte Lektüre zu diesem Thema dar.

Bekleidung
Ausrüstung

Funktionelle Bekleidung schützt den Körper

The North Face Bekleidung bietet einen optimalen Schutz für den Körper durch erprobte Bekleidungsprodukte mit unterschiedlichen Konzeptionen, Ausstattungen und Konstruktionsprinzipien, die perfekt auf den Einsatzzweck abgestimmt sind.

Selbst die beste Ausrüstung kann fehlendes Können und fehlende Erfahrung nicht ersetzen. Allerdings ist eine gute Ausrüstung und Bekleidung unerläßlich. Grundsätzlich muß die Bekleidung den Körper vor Nässe und Kälte schützen. Da beim Eisklettern ein ständiger Wechsel zwischen Anstrengung während des Kletterns und des Wartens bei der Sicherungsarbeit besteht, muß die Bekleidung über eine größstmögliche Funktionalität verfügen.

Für Eistouren geeignete Bekleidung sollte sein:

- wasserdicht und atmungsaktiv
- einfach An- und Auszuziehen (z. B. am Stand)
- bequem und die Kletterbewegungen nicht einschränken

Unter Bekleidung (auf der Haut)

Unterwäsche muß die Feuchtigkeit vom Körper ableiten und nach außen transportieren. Ideale Materialien sind hier Polypropylene oder Polyester. Diese Stoffe trocknen schnell und erzeugen ein angenehmes Körpergefühl.

Mittlere Bekleidung (Wärmeschicht)

Die mittlere Schicht sollte aus isolierendem Material bestehen, welche aber auch die Körperfeuchtigkeit nach außen transportiert. Fleecejacken, die aus synthetischen Materialien bestehen, sind hierfür gut geeignet.

Äußere Bekleidung (Nässeschutz)

Die äußere Schicht hat viele Aufgaben. Sie soll ein Schutz gegen Wind, Regen, Schnee und Schmelzwasser geben und zum anderen die Feuchtigkeit, welche der Körper abgibt, nach außen transportieren. Bekleidung aus Goretex ist hier die erste Wahl.

Steigeisenfeste Bergsschuhe

Für den extremen Einsatz im Hochgebirge und im äußerst schwierigem Gelände ist es notwendig einen steigeisenfesten Schuh zu verwenden. Die Steigeisenfestigkeit wird durch eine harte Zwischensohle erreicht. Das Obermaterial besteht meist aus abriebfestem Cordura oder Leder. Wichtig ist auch, dass der Laschenbereich ohne Nähte ist. Wer Topqualität und funktionelle Bergschuhe will, sollte Schuhe von der Firma Lowa tragen.

Bekleidung optimal anwenden

Was nützt es wenn man die besten Bekleidungsteile besitzt, diese aber falsch oder zweckentfremdet anwendet. Bei den heutigen High-Tech Materialien ist es nicht mehr notwendig viele Bekleidungststücke mitzunehmen. Die meisten Bekleidungsteile besitzen einen großen Einsatzbereich.

Ausgeklügelte Details der Bekleidung erlauben eine Anpassung an unterschiedliche Bedingungen.

Tipps

- es gibt Jacken und Hosen, bei denen eine Belüftung möglich ist. Zum Beispiel die Entlüftung mit einem Reißverschluß unter den Achseln oder durch Außentaschen. Die Anwendung von Entlüftungsschlitzen erzeugt bei wechselnden Anstrengungen eine angenehme Körpertemperatur.
- lieber mehrere dünne Bekleidungsteile, als eine dicke Jacke oder dicke Hose (Zwiebelschalenprinzip).
- Fleecejacken isolieren gut gegen Kälte, sind aber winddurchlässig. Eine Fleecejacke kann nur wärmen wenn die Wärme auch am Körper bleibt. Bei Wind sollte über die Fleecejacke ein Windstopper getragen werden.
- feuchte Bekleidung (Unterwäsche) trocknet nicht im Rucksack oder in einer Plastiktüte!
- wenn ein feuchtes Unterhemd über einer trockenen Schicht getragen wird, tocknet dieses sehr schnell und kann später wieder (als Unterwäsche) verwendet werden.

Hardware
Ausrüstung

Besonders Petzl bringt Produkte auf den Markt, deren Entwicklung von der Suche nach Sicherheit, Funktionalität sowie einem Gleichgewicht zwischen Leichtigkeit und Komfort gelenkt ist.

Die Weiterentwicklung der Hardware eröffnet neue Dimensionen

Eine noch so perfekte Ausrüstung ist nicht alles, höchstens das Mittel zum Zweck. Vielmehr sollten wir nicht vergessen, dass es darauf ankommt mit welchen Fertigkeiten wir unsere Werkzeuge einsetzen. Erst durch die Entwicklung der Klettertechnik, sowie ausgefeilter Spezialgeräte wie Steigeisen, Eisgeräte und Eissicherungsmittel wurde es möglich, extremste Eis- und Felspassagen zu erklettern.

Steigeisen

Für die unterschiedlichen Anwendungsbereiche gibt es verschiedenartige Steigeisen. Mit Universalsteigeisen lassen sich leichte bis steile Eisanstiege bewältigen. Für extrem steile Eis- und kombinierte Touren empfiehlt sich auf spezielle Steigeisen zurückzugreifen. Bei allen Steigeisentypen ist wichtig, dass diese optimal auf den Schuh angepaßt werden, damit sie sich nicht während einer Tour vom Schuh lösen (sehr gefährlich).

Wichtige Eigenschaften der Steigeisen

- starre Steigeisen für eine optimale und präzise Kraftübertragung
- fester Sitz der Steigeisen am Schuh, durch eine Bindung mit Kipphebel
- scharfe Frontalzacken (ähnlicher Schliff, wie bei den Eisgeräten)
- für das Steileisklettern speziell entwickelte Zackengeometrie mit einer abgewinkelten bzw. gekrümmten Form nach unten

Monozackersteigeisen für Steileis, Mixed Gelände und Drytooling

Modulares Steigeisen für Steileis, und Drytooling

Steigeisen für Gletscher-Hochtouren (Univeralsteigeisen)

Antisnow Sytem verhindert das gefährliche Stollen der Steigeisen

Steigeisentasche zum sicheren und platzsparendem Verpacken der Eisen

Wichtig sind scharfe Frontal- und Vertikalzacken

Eisgeräte

Die Eisgeräte wurden in den letzten Jahren für den jeweiligen Einsatz erheblich weiterentwickelt. Grundsätzlich können die Eisgeräte in drei Kategorien eingeteilt werden.

Allroundpickel

- **Allroundgeräte**
  Für alpine und technische Eis- und Firntouren sehr gut gegeignet.

Steileisgerät

- **Highendgeräte**
  Für Steileis und Mixedtouren entwickelt. Typisches Kennzeichen ist ein stark gekrümmter Schaft und eine spezielle Hauengeometrie.

Wettkampfgerät

- **Toplevelgeräte**
  Der Wettkampfsport an künstlichen Eisgebilden hat sich stark weiterentwickelt und wird immer beliebter. Die neue Generation der Wettkampfgeräte hat deshalb eine besonders geformte Ergonomie so dass, auch ohne Handschlaufen eine optimale Kraftübertragung erreicht werden kann.

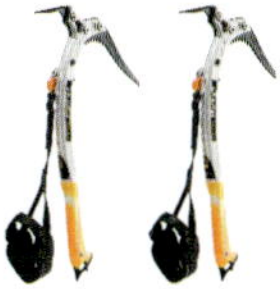

Zur Fortbewegung im Steileis sind zwei Eisgeräte notwendig. Man sollte zwei Geräte gleichen Typs verwenden. An einem Eisgerät sollte eine Schaufel und auf dem anderen Eisgerät ein Hammerkopf montiert sein. Mit einer Schaufel am Eisgerät hat man die Möglichkeit eine Standstufe zu schlagen

Handschlaufen

Handschlaufen

Beim Wettkampfklettern wurde das Klettern ohne Handschlaufen eingeführt damit die Verletzungsgefahr verringert wird. Bei alpinen Eisfällen mit mehreren Seillängen sind jedoch Handschlaufen dringend anzuraten, um einem Verlust der Geräte zu verhindern. Es gibt sehr gute Möglichkeiten (Clipsystem) die Handschlaufen schnell und unkompliziert vom Eisgerät zu nehmen ohne dass aus den Handschlaufen geschlüpft werden muss.

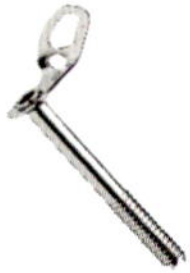
Eisschraube ohne Kurbel

Eisschrauben

Eisschrauben dienen als Sicherungspunkte. Es sollten ausschließlich geprüfte Eisschrauben namhafter Hersteller verwendet werden, denn nur geprüfte Eisschrauben verfügen über die notwendigen Sicherheitskriterien.

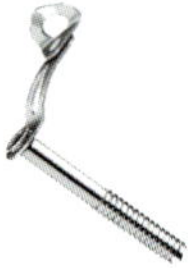
Eisschraube mit Kurbel

Eigenschaften von guten Eisschrauben

- leichte Setzbarkeit
  Eisschrauben sollten von Hand eingedreht werden können
- geringe Sprengwirkung
  beim Setzen soll möglichst wenig Druck im Eis entstehen
- ausreichende Haltekraft
  Eisschrauben müssen Sturzbelastungen aushalten
- optimale Oberflächenbeschaffenheit
  geschliffenes Rohr innen und außen

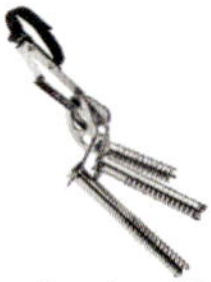
Eisschrauben Clip

Damit Eisschrauben leichter eingedreht werden können, haben einige Schrauben eine kleine Kurbel integriert. Dadurch spart man Zeit und vor allem Kraft. Schrauben aus Titan sind nicht zu empfehlen, da sich Titan gut mit Eis verbindet. Das Eis klebt regelrecht in der Schraube. Moderne Eisschrauben sind aus Stahl, da diese schärfer geschliffen werden können, sich nicht mit Eis verbinden und kaum schwerer als Titaneisschrauben sind.

Eisschrauben Handkurbel

Allroundhelm

Helm

Mit Eisschlag ist bei allen Eistouren zu rechnen; gerade deshalb ist vor allem der Kopf zu schützen. Es gibt Helmmodelle, die den spezifischen Anforderungen des Eiskletterns gerecht werden. Ein Helm sollte leicht, einfach zum Verstellen und robust sein. Ein Visier schützt das Gesicht vor Eissplittern.

Helm mit Visier

Reverso

Sicherungs- und Abseilgerät

Die Sicherungs- und Abseilgeräte müssen auch bei einem nassen und gefrorenen Seil funktionieren. Der Reverso von Petzl eignet sich zum Sichern des Seilersten und des Seilzweiten. Nachsteiger können durch die selbstblockierende Sicherung unabhängig voneinander folgen. Beim Einsatz als Abseilgerät laufen die Seilstränge voneinander getrennt. Das Seil läßt sich leichter abziehen, da es nicht ineinander verdreht ist.

Seilklemmen

Seilklemmen sind unbedingt notwendig, um an einem fixen Seil aufzusteigen, zum Bau eines Flaschenzuges oder zum Aufziehen eines Seilzweiten. Für jeden Einsatz gibt es spezielle Seilklemmen. Die kleine und ultraleichte Tibloc-Klemme muß auf jeden Fall am Gurt hängen.

Tibloc

Schraubkarabiner

Schraubkarabiner sind unverzichtbar bei der Sicherung mit Einfach- oder Doppelseil. Karabiner mit einer großen Öffnung sind von Vorteil, da sich nasse und vereiste Seile leichter einhängen lassen.

HMS-Karabiner

Express-Schlingen

Express-Schlingen stellen die Verbindung zwischen Eisschraube und Seil dar. Verschiedene Längen erlauben einen reibungsfreien Seilverlauf. Ein Schlingenschutz hält den Karabiner in der Längsachse und verhindert ein ungewolltes Verdrehen des Karabiners.

Express-Schlingen

Klettergurt

Ein Klettergurt muß einfach angezogen werden können. Beinschlaufen, die sich öffnen lassen, ermöglichen das Anlegen des Gurtes auch mit Steigeisen. Selbstverständlich sollte er geprüft und bequem sein, sowie über mehrere Materialschlaufen verfügen.

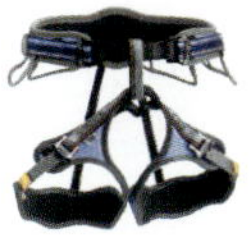

Verstellbarer Hüftgurt

Bandschlingen

Bandschlingen werden in erster Linie zum Einrichten des Standplatzes verwendet. Verschiedene Längen ermöglichen das optimale Einrichten eines Standplatzes.

Bandschlinge

Eissanduhrfädler

Ein ca. 20 cm langer Metallstab mit einem Haken erleichtert das Einfädeln von Schlingen in eine Abalakov-Eissanduhr.

Eissanduhrfädler

Seil

In der Regel wird beim Eisklettern ein 60 m langes Doppelseil verwendet. Für reine Gletschertouren reicht ein 50 m Halbseil (8-9 mm) aus.

Ausrüstungsliste für Hochtouren

Die Ausrüstung trägt wesentlich zum Gelingen einer Tour bei und muß dem jeweiligem Tourenziel angepasst werden. Selbstverständlich müssen die Techniken für Fels, Schnee und Eis beherrscht werden.

Eine perfekte Ausrüstung ersetzt keinesfalls das Können.

Allgemeine Ausrüstung für Eistouren

Steigeisenfeste Tourenschuhe (Leder), Tourenhose, Goretexhose- und Jacke, Fleecejacke, Wechselwäsche (funktionelle Sportunterwäsche, Socken), Handschuhe, Mütze, Gamaschen, Gletscherbrille, Orientierungsmittel (Höhenmesser, Karte, Kompass), Getränkeflasche, Handy, Sonnenschutz.

Bei der Zusammenstellung der Ausrüstung muß das Tourenziel berücksichtigt werden.

Ausrüstung für Hochtouren

- Klettergurt, Brustgurt
- Doppelseil 50 m (für Gletscherbegehung reicht ein Halbseil)
- Sicherungsgerät
- Bandschlingen (2 lange und 2 kurze Bandschlingen)
- Seilrolle (Flaschenzug)
- Steigklemmen (Flaschenzug)
- 2 Schraubkarabiner, 4 Normalkarabiner
- 4 Eisschrauben
- 1 Paar Steigeisen
- Eisgeräte (Eispickel)
- Rucksack (30-40 Liter)
- Reepschnüre (zum Fädeln von Eissanduhren und Abseilschlingen)
- Messer (zum Abscheiden der Reepschnüre, Bandschlingen)
- Eisuhrfädler
- Erste-Hilfe-Set
- Biwaksack
- LVS-Gerät
- Stirnlampe

Ausrüstungsliste für einen Eisfall

Allgemeine Ausrüstung für Eisfälle

Bevor die Ausrüstung gepackt wird, muß das Tourenziel bekannt sein. Die Ausrüstung richtet sich nach den Anforderungen des Tourenziels.

Ausrüstung für den normalen Eisfall

- Helm
- Klettergurt
- Doppelseil 60 m
- Abseilachter
- Sicherungsgerät
- 2 Schraubkarabiner, 4 Normalkarabiner
- Express-Schlingen und Bandschlingen (verschiedene Längen)
- Eisschrauben (für den Standplatz mindestens 4 Stück, Länge ca. 22 cm)
- Eisschrauben für Zwischensicherungen (5 Stück, Länge ca. 17-18 cm sowie 3 kurze Schrauben Länge ca. 12-13 cm)
- 1 Paar Steigeisen
- 2 Eisgeräte (Ersatzhauen)
- Rucksack (30-40 Liter)
- Reepschnüre (zum Fädeln von Eissanduhren und Abseilschlingen)
- Messer (zum Abschneiden der Reepschnüre, Bandschlingen)
- Eisuhrfädler
- Erste-Hilfe-Set
- Biwaksack
- Steigklemmen (Flaschenzug)
- LVS-Gerät
- Stirnlampe

Die Ausrüstungspalette für den Eiskletterer ist sehr umfangreich und vielfältig. Die Entwicklung hierfür geht schnell voran.

Die Ausrüstung muß leicht und robust sein, sowie unter extremen Bedingungen funktionieren.

Ausrüstung für einen Eisfall mit Felsgelände

- Material wie oben
- zusätzlich Sicherungsmaterial für Fels (Felshaken, Klemmkeile)

Organisation der Ausrüstung

Viele Ausrüstungsteile zum Eisgehen sind spitzig oder haben scharfe Zacken.

Wenn das Material schlecht verpackt ist oder ungünstig am Gurt plaziert wird, gefährdet man nicht nur sich selbst, sondern auch Andere.

Organisation der Ausrüstung

Die Ausrüstung für Eistouren sollte so organisiert werden, dass alles was nicht unmittelbar gebraucht wird im Rucksack verstaut ist. Gegenstände, die nicht oft oder nur in Notfällen gebraucht werden (Erste-Hilfe-Set, Biwaksack) sollten im Rucksack ganz unten aufbewahrt werden. Schwere Gegenstände im Rucksack möglichst körpernah verstauen. Der Wind- und Wetterschutz sollte griffbereit deponiert werden, damit man auf wechselnde Witterungseinflüsse schnell reagieren kann.

Materialorganisation am Klettergurt

Da am Klettergurt das gesamte Material wie Eisschrauben, Sicherungsgerät, Abseilachter und Express-Schlingen hängt, ist eine gut durchdachte Organisation unerlässlich. Schlingen sollten nicht am Gurt hängen, da die Gefahr sich mit den Steigeisen zu verhaken viel zu groß ist. Bandschlingen werden über den Oberkörper gehängt. Für die Befestigung der Eisschrauben am Klettergurt eignen sich hervorragend Eisschraubenclips.

Vorschlag für die Materialaufteilung am Hüftgurt

- **Links vorne**
  3-4 Express-Schlingen
- **Links hinten**
  Standschrauben, HMS-Karabiner, Normalkarabiner für Standplatzbau,
- **Rechts vorne**
  3-4 Express-Schlingen
- **Rechts hinten**
  2 Reepschüre, Messer, Tibloc Sicherungsgerät

charlet

Pflege der Ausrüstung

Material aus Perlon darf nicht direkt auf einem Heizkörper oder im direktem Sonnenlicht getrocknet werden.

Ausrüstungspflege

Die Grundvoraussetzung für sicheres Eisklettern ist ein gepflegtes Material.

Perlonmaterial

Nach einem Eisklettertag muß das gesamte Material getrocknet werden. Seile, Bandschlingen und Gurte werden in einem Trockenraum ausgelegt oder aufgehängt. Materialien aus Perlon sollten nicht direkt auf einem Heizkörper oder im direktem Sonnenlicht getrocknet werden. Die Ausrüstung würde sonst vorzeitig Altern und an Festigkeit verlieren. Durch richtiges Trocknen bleibt das Bandmaterial geschmeidig und wird nicht „hart“ und „starr“.

Metallmaterial

Selbstverständlich dürfen Steigeisen nicht nass im Steigeisenbeutel verbleiben, sondern müssen mit dem restlichen Metallmaterial getrocknet werden. Wenn Karabiner häufig nass werden, muß das Gelenk des Schnappers mit einem feinem Öl (Nähmaschinenöl, Salatöl) nachgeölt werden.

Eischrauben

Falls Eisschrauben durch Felskontakt beschädigt wurden, müssen diese entsorgt werden. Eisschrauben verlieren durch Felsberührung immer ihren „Biss“.

Eisgeräte

Neue Hauen haben meist nur einen groben Schliff, der nicht optimal ist. Um den maximalen „Biss“ einer Haue herauszuholen ist es notwendig die Haue entsprechend zu schleifen. Auch nach häufigem Gebrauch müssen die Hauen der Eisgeräte von Hand nachgefeilt werden. Durch das Eindringen in hartes Eis sowie durch Felsberührung wird die Klinge stumpf und erzielt somit eine große Sprengwirkung.
Klingen werden am Besten mit einer feinen Rund- und Flachfeile von Hand nachgefeilt. Auf keinem Fall darf mit einer Schleifscheibe (oder Flex) nachgeschärft werden.

Schärfen der Eisgeräte

Es gibt sehr unterschiedliche Techniken wie Hauen geschliffen werden können. Die hier vorgestellte Technik ist von Brian Farquharson (staatlich geprüfter Berg- und Skiführer) und Eiskletterspezialist. Mit der Farquharson Methode können Hauen extrem geschärft werden, was zu einem hervorragendem „Biss" der Hauen führt. Außerdem bleibt nur bei der Farquharson Methode die Klinge sehr lange scharf. Häufiges Nachschärfen ist ebenfalls möglich, da die Klinge wenig an ihrer „Substanz" verliert.

Die Hauen der Eisgeräte dürfen niemals mit einer Schleifscheibe (Flex) geschliffen werden. Die Gefahr durch Überhitzung (blaue Färbung) ist zu groß. Das Material wird dadurch weicher. Folge: Die Hauen werden schneller wieder stumpf.

Neue Hauen haben nur einen groben Schliff. Die Zacken sind sehr flach und haben daher wenig „Biss".

Zuerst werden die Vertiefungen der Zacken mit einer feinen Rundfeile nachgefeilt. Darauf achten, dass nur die „Rundung" ausgefeilt wird.

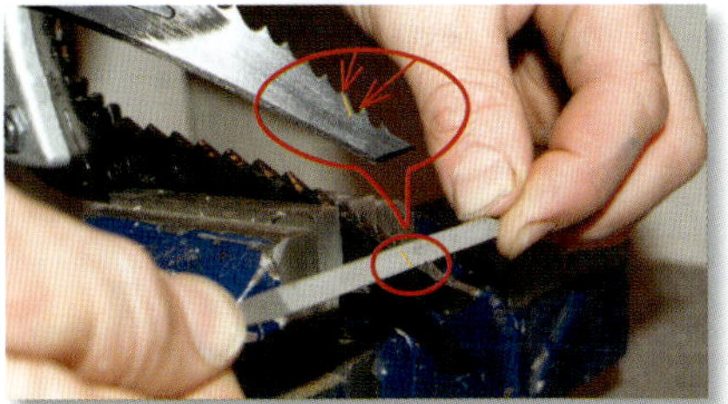

Nachdem die „Rundungen" ausgefeilt wurden, wird mit einer feinen Flachfeile der Bereich zwischen Rundung und Zackenspitze plan gefeilt.

Der Winkel der Hauenober- und vorderseite wird mit einer Feile zu einem spitzen Winkel gefeilt. Darauf achten, dass beide Seiten (Winkel) gleich groß sind.

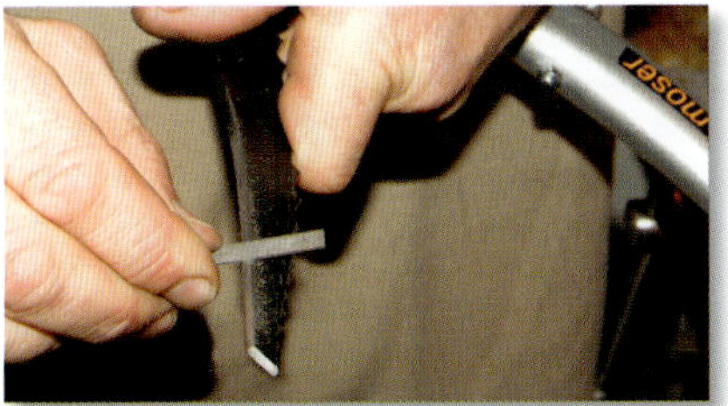

Nachdem alle Winkel gefeilt wurden wird mit einer Feile und einem Schleifpapier die Haue poliert. Diese Hauen haben eine geringere „Sprengwirkung".

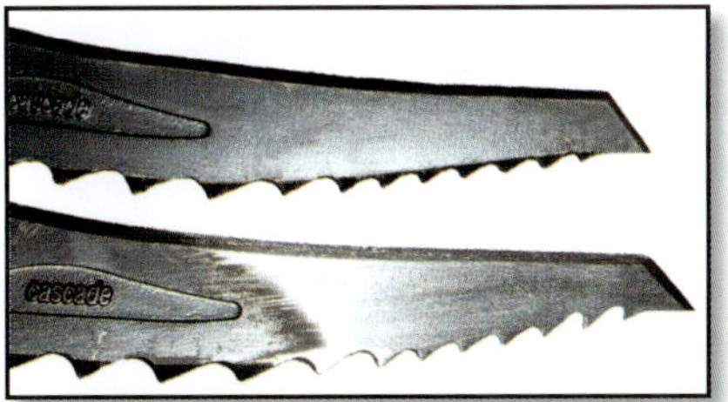

Bei der bearbeiteten Haue (unten) ist deutlichzu sehen, dass diese sehr scharfe „Zähne" hat. Dies führt zu einem äußert gutem Biss und geringer „Sprengwirkung".

Pflege der Ausrüstung

Die Zacken der Steigeien dürfen niemals mit einer Schleifscheibe (Flex) geschliffen werden.

Steigeisen

Die Frontalzacken sind beim Steileisklettern besonders wichtig und müssen deshalb nach einiger Zeit nachgeschärft werden. Hin und wieder ist es auch notwendig, die horizontalen Zacken zu schärfen. Optimal geschliffene Frontal- und Vertikalzacken dringen gut in die Eisoberfläche ein und bieten einen festen Halt. Das Nachschärfen geht sehr gut mit einer feinen Rund- und Flachfeile.

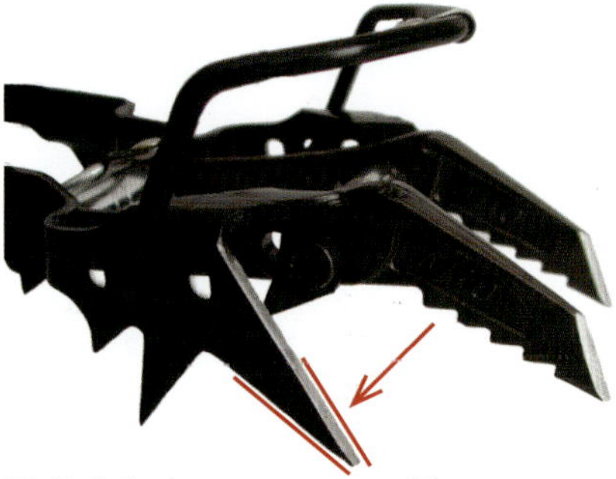

Die Vertikalzacken nur von vorne und hinten (rote Markierung) nachfeilen. Die Verikalzacken nicht durch seitliches Feilen in der Festigkeit schwächen.

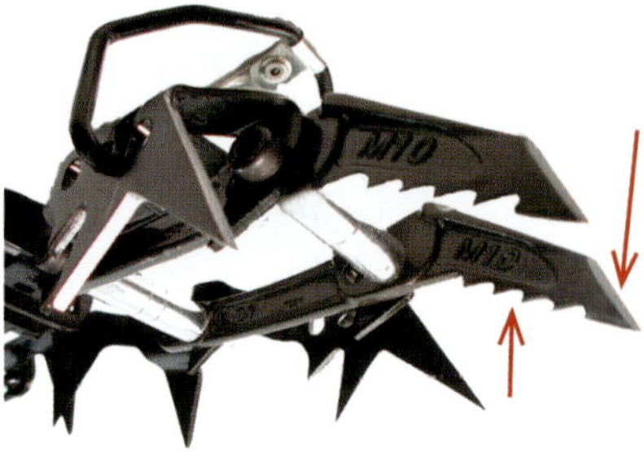

Die Frontalzacken werden wie die Hauen der Eisgeräte nachgeschärft.

Eisschrauben

Stumpfe Eisschrauben lassen sich sehr schlecht in das Eis eindrehen. Deshalb ist es wichtig ausschließlich scharfe Eisschrauben zu verwenden.

Stumpfe Eisschraube

Scharfe Eischraube

Nachschärfen von Eisschrauben

Wenn durch Felsberührung Eischrauben beschädigt sind, können diese nicht nachgefeilt werden. Der Winkel sowie die Drehung der Zacken erlauben kein nachfeilen.

Das ideale Eisklettergelände ist steil und leicht erreichbar
Steileisklettern entwickelte sich in den letzten Jahren rasant weiter. Nicht die großen Alpenwände waren das Ziel, sondern Wände und Wasserfälle in Tälern oder Schluchten, die allein wegen des Schwierigkeitsgrades oder der Schönheit der Kletter-Tour ausgewählt wurden.

Das alpine Gelände bietet mannigfaltige Möglichkeiten um die Spielform Eisklettern auszuüben. Allerdings stellt jedes Gelände spezifische Anforderungen an das persönliche Können und die persönliche Ausrüstung.

Gletscherbrüche
Ganzjähriges Eisklettern ist an Gletscherbrüchen oder Eistürmen von Gletschern möglich. Ein bekanntes Beispiel dafür, ist die Eisarena auf dem Pitztaler Gletscher. Das Eis der Gletscherbrüche ist durchwegs kompakt und bietet daher meist ideale Bedingungen. Allerdings muß im vergletscherten Gelände mit Spalten (Spaltensturz) gerechnet werden.

Gefrorene Wasserfälle
Gefrorene Wasserfälle sind in fast jedem Tal zu finden. Die Eisverhältnisse können sehr unterschiedliche sein. Die Häufigkeit der Niederschläge und der Temperaturverlauf beeinflussen die Bildung der gefrorenen Wasserfälle. Die Verhältnisse von gefrorenen Wasserfällen sind von Winter zu Winter verschieden.

Eisüberzogene Felswände
Felswände die mit einer dünnen Eisschicht bedeckt sind, stellen eine große Herausforderung dar. In solch einem Gelände ist das Anbringen von Sicherungspunkten oft nicht möglich. Gelegentlich sind, wie beim Sportklettern diese Routen mit Bohrhaken abgesichert. Wenn sich Fels- und Eispassagen abwechseln spricht man vom Mixed Gelände.

Steilrinnen (Gullies, Couloirs)
Klassisches Steileisklettern, wie es in Schottland und England ausgeübt wird, führt meist durch vereiste Steilrinnen. Steile und enge Eisrinnen sind auch in den Alpen zu finden. Solche Rinnen stellen an den Kletterer eine große Herausforderung dar.

Eisklettern im Gletscherbruch

Jeder Bergsteiger sollte die wichtigsten Knoten in jeder Situation beherrschen. Das gilt besonders unter ungünstigen Bedingungen (Stress) wie bei einem Unfall, bei Nacht, usw.

Zum Eisklettern notwendige Knoten

Zum Anseilen, Sichern und zur Bergrettung werden unterschiedliche Knoten verwendet. Knoten können gelegt oder gesteckt werden. Bei einem gelegten Knoten verlaufen die Seilstränge parallel. Bei einem gesteckten Knoten wird dieser zuerst einfach ausgeführt und dann mit dem freien Seilende nachgefahren. Die Enden des Seilknotens für das Anseilen (Sackstich oder Achterknoten) müssen mindestens 10 cm lang sein, damit sich der Knoten nicht „aufziehen“ kann. Grundsätzlich sollten alle Knoten fest angezogen und auf Richtigkeit überprüft werden.

Die wichtigsten Knoten und deren Anwendungsgebiete

- Ankerstich (Abbinden einer Eisschraube, T-Anker)
- Prusikknoten (Klemmknoten für behelfsmäßige Rettung)
- Sackstich oder Achterknoten (Anseilen, Seilverbindung)
- Halbmastwurf (HMS) (Partnersicherung, Abseilen)
- Mastwurf (Seilfixierung, Selbstsicherung)
- Schleifknoten (Fixierung des Halbmastwurfes)

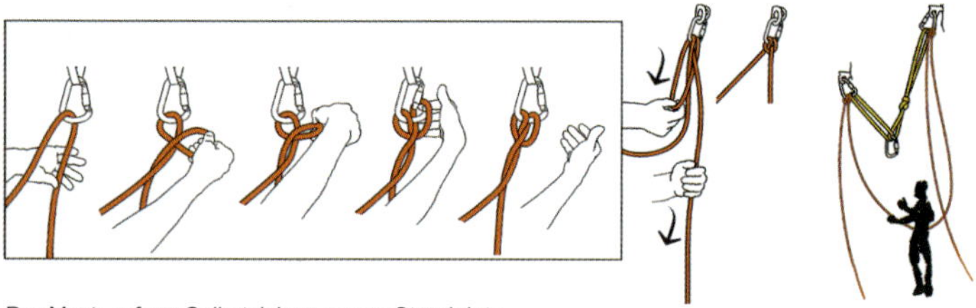

Der Mastwurf zur Selbstsicherung am Standplatz

Ankerstich Prusikknoten Sackstich Halbmastwurf (HMS) Mastwurf Schleifknoten

Hüft- oder Kombigurt?

Eine Kombination aus Hüft- und Brustgurt ist die sicherste Anseilmethode. Kombigurte sind nicht zu empfehlen, da sie Nachteile bei der Sturzhaltung, im Hängekomfort und beim Anziehen haben. Im Hochgebirge ist das Gelände häufig „sturzunfreundlich“ und die Sicherungsabstände meist sehr weit, zudem trägt man fast immer einen Rucksack. Im Sportkletterbereich kann nur mit einem Hüftgurt angeseilt werden. Allerdings nur sicher, wenn kein Rucksack getragen wird und ausschliesslich kleine Stürze zu erwarten sind.

Eine Kombination aus Hüft- und Brustgurt ist die sicherste Anseilmethode.

Direktes und indirektes Anseilen mit einer „Achterschlinge“

1. Zum Verbinden von Hüft- und Brustgurt eine ca. 1m lange Bandschlinge verwenden.
2. Die Bandschlinge wird durch die Anseilschlaufe des Hüftgurtes gezogen.
3. Auf Höhe des Brustbeins wird die Bandschlinge mit einem Sackstich abgebunden. Danach durch den Brustgurt fädeln und mit einem Sackstich zuknüpfen. In diese „Achterschlinge“ wird nun direkt oder indirekt angeseilt.

Anseilen mit Achterschlinge und direkten Einbinden

Anseilen mit Achterschlinge und indirekten Einbinden

Um in absturzgefährdetem Gelände sichern zu können ist es notwendig, die vielfältigen Sicherungsmöglickeiten zu beherrschen.

Sicherungsmöglichkeiten

Die Vielfalt der Touren- und Geländemöglichkeiten erfordern ein umfangreiches Repertoire an Sicherungstechniken.

Sicherungstechnische Grundlagen

- Beim Begehen eines Gletschers muß angeseilt werden. Wichtig ist hierbei, dass entsprechende Seilabstände eingehalten werden.
- Gleichzeitiges Gehen (der Seilschaft) am Seil in steilen Eis oder Schneeflanken ist ausgesprochen gefährlich, da die Mitreißgefahr bei Stürzen sehr hoch ist. Eine Ausnahme stellt das Begehen von Firngraten mit entsprechend langem Sprungseil dar.
- Im steilen Gelände sowie beim Eisklettern wird über entsprechende Sicherungspunkte gesichert.

Sicherungstechnik beim Begehen von Gletschern

Auf wenig steilen Gletschern wird gleichzeitig am Seil gegangen. Dabei dürfen zwischen den Seilschaftsmitgliedern keine Schlingen aufgenommen werden. Das Seil muß straff gehalten werden. Bei gefährlichen Zonen (Spalten, Eisbrüche und Blankeispassagen) sichert man seillängenweise über Eisschrauben oder T-Anker.

Sicherungstechnik im steilen Gelände

In einem absturzgefährdeten Gelände ist es äußerst wichtig, situationsgerecht zu sichern. Dabei muß mit möglichst geringem Aufwand von Material und Zeit eine optimale Sicherung hergestellt werden.

Sicherungsmöglichkeiten im absturzgefährdetem Gelände

- Seilschaftsklettern von Standplatz zu Standplatz
- gehen am Fixseil
- gehen am „kurzen Seil“ (Bergführertechnik)

Eine weitere Möglichkeit ist der Verzicht auf das Seil. Diese Variante ist allerdings nur erfahrenen, gleichstarken und guten Bergsteigern zu empfehlen. Über die Konsequenz eines Sturzes muß man sich bewußt sein.

Verankerungen in Firn, Schnee und Eis

Je nach Gelände und Zweck gibt es in Firn, Schnee und Eis verschiedene Verankerungen, die als Fixpunkte dienen. Fixpunkte für einen Standplatz müssen in alle Richtungen belastbar sein.

T-Anker

Der T-Anker ist eine sehr gute Möglichkeit für die Verankerung in Firn und Schnee. Er kann jedoch nur in eine Zugrichtung belastet werden. Üblicherweise wird der T-Anker mit einem Eispickel gebaut; er kann aber auch mit Ski oder einem Rucksack hergestellt werden. Für die schnelle Herstellung dieser Sicherungsmöglichkeit ist eine Lawinenschaufel äußerst hilfreich.

Ein T-Anker oder auch „toter Mann" genannt ist das geeignetste Sicherungsmittel in Firn und Schnee.

Herstellen eines T-Ankers

1. Mit dem Pickel wird ein quer zur Zugrichtung liegender 30-50 cm tiefer Graben (Länge des Pickels) angelegt.
2. Längs zur Zugrichtung wird für eine möglichst lange Bandschlinge ein Graben gezogen.
3. An dem zu vergrabenden Pickel wird eine Bandschlinge mit Ankerstich befestigt.
4. Der Pickel wird in den Graben (Haue nach unten) hineingetreten. Beide Gräben werden mit Schnee gefüllt und festgetreten.

Achtung

- Die Vorderwand des T-Ankers muß stabil sein. Das bedeutet, dass bei der Herstellung die Vorderwand nicht zerstört werden darf.
- Bei weichen Schneeverhältnissen muß der vergrabene Gegenstand möglichst groß sein (z.B. Ski).

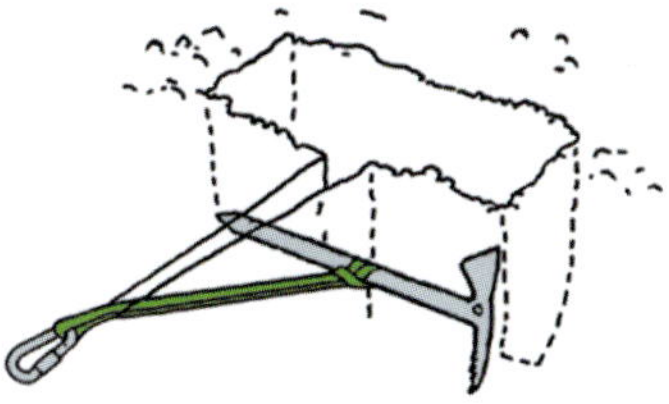

Verankerung im Schnee „T-Anker" mit einem Eispickel

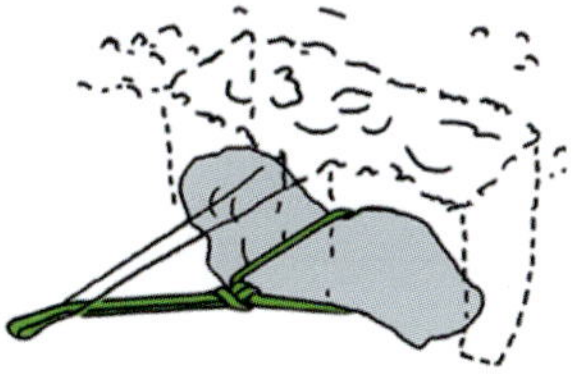

Verankerung im Schnee „T-Anker" mit einem Rucksack

Sicherungsmittel und Fixpunkte

Um Passagen, in denen Absturzrisiken bestehen abzusichern ist es notwendig Fixpunkte einzurichten. Über diese Fixpunkte kann man sich und seine Tourenpartner sichern.

Firnanker

Firnanker bestehen aus langen, breiten Aluwinkelschienen oder in Form eines abgewinkelten Schaufelblattes. Firnanker oder Firnhaken werden meist auf Expeditionen eingesetzt um Fixseile zu befestigen. In den Alpen ist dieses Sicherungsmittel wegen der ungenügenden Haltekraft nicht zu empfehlen.

Fixpunkt im Eis

Eine Eisschraube ist das häufigste Sicherungsmittel im Eis. Beim Setzen der Eisschraube muß darauf geachtet werden, dass die Eisqualität ausreichend ist. Das Eis muß an dieser Stelle möglichst kompakt und rissfrei sein. Eisschrauben aus Edelstahl mit einer Kurbel, lassen sich leicht von Hand setzen. Für eine Zwischensicherung muß die Eisschraube etwa 12-18 cm lang sein. Für die Standplatzsicherung müssen ca. 22 cm lange Schrauben verwendet werden.

Anbringen von Eisschrauben

1. Sprödes Oberflächeneis vor dem Eindrehen der Eisschraube entfernen.
2. Der optimale Setzwinkel für Eisschrauben ist 90° zur Oberfläche.
3. Eisschrauben in Brusthöhe eindrehen, da dies kraftsparender ist.
4. Bei Sturzbelastung nach unten oder oben, muß die Lasche der Eisschraube in 9- bzw. 3-Uhr-Stellung gedreht werden.
5. Läßt sich die Eischraube nicht ganz eindrehen, muß sie mittels Express-Schlinge oder Ankerstich abgebunden werden.

Abgebundene Eisschraube

nicht ganz eingedrehte Schraube

Schraube abgebunden mit Ankerstich

Schraube abgebunden mit Express

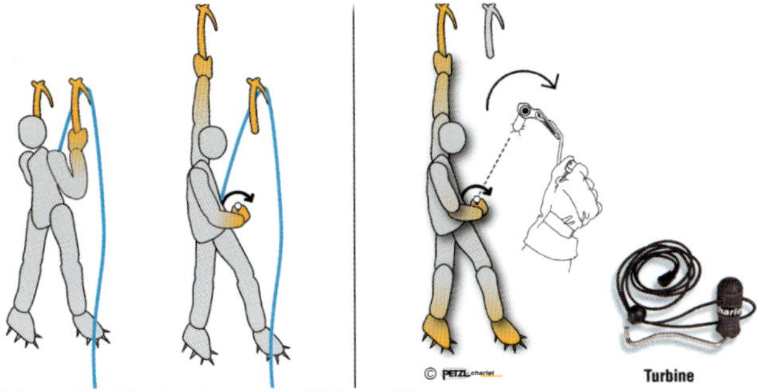

Setzen einer Eisschraube aus der Kletterposition

Eine Eisschraube aus der Kletterposition zu setzen ist kraftsparender und leichter, wenn die Eisschraube in Brusthöhe in das Eis eingedreht wird. Dabei ist es wichtig, dass man vorher eine stabile Position eingenommen hat.

Anbringen einer Zwischensicherung im Steileis

Eine Eisschraube im senkrechten Eis zu setzen ist äußerst kraftraubend. Folgende Vorgehensweise ist vorteilhaft um schnell und kraftsparend zu arbeiten. Aus der Kletterposition wird ein Eisgerät fest im Eis verankert. Der Arm am Eisgerät ist gestreckt, um Kraft zu sparen. An diesem Gerät kann während des Eindrehens der Eisschraube eine Zwischensicherung angebracht werden. Entweder wird das Sicherungsseil mittels Express-Schlinge in das Eisgerät eingehängt oder über die Haue gelegt.

Eisgeräte sicher verankern (stabile Position)

Setzen der Eisschraube in Brusthöhe

Das Multihook Werkzeug von Charlet Moser ist unentbehrlich, um eine Eissanduhr herzustellen.

„Abalakov-Eissanduhr“

Die Eissanduhr ist ein sehr sicherer Fixpunkt. Zur Herstellung einer Abalakov-Eissanduhr werden mit einer Eisschraube zwei Löcher in das Eis gebohrt. Die Löcher müssen sich innen treffen, damit eine Reepschnur durchgefädelt werden kann. Je dicker die Eissanduhr, desto sicherer ist der Fixpunkt. Die Eissanduhr eignet sich hervorragend für die Umlenkung beim Toprope-Klettern oder zum Abseilen.

Herstellen einer Eissanduhr

1. Eine möglichst lange und dicke Eisschraube in einem 60° Winkel in das Eis eindrehen, so dass sich ein ungefähr gleichseitiges Dreieck bildet.
2. Zum Durchziehen der Reepschnur hilft ein Drahtstück mit gebogener Spitze oder das Multihook Werkzeug von Charlet Moser.

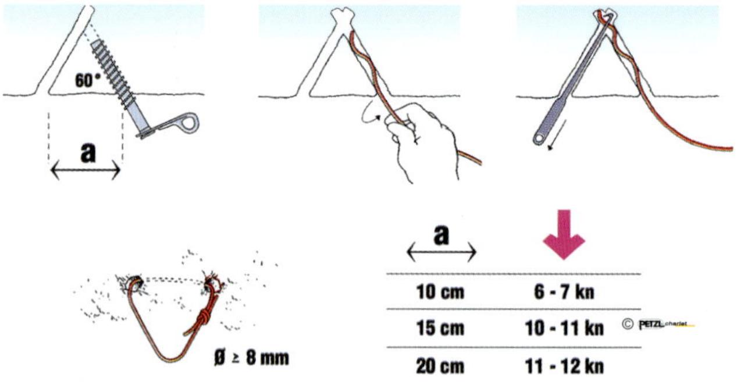

Einrichten einer Eissanduhr (Abalakov)

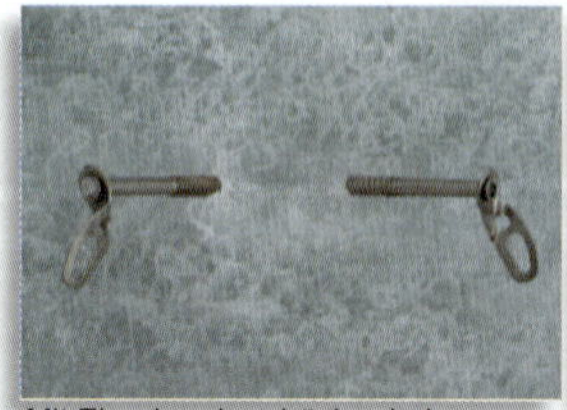

Mit Eisschrauben Löcher bohren

Reepschnur fädeln

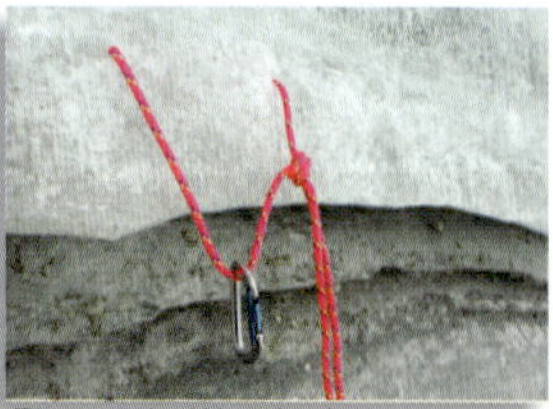

Eissanduhr (Abalakov)

Standplatzbereitung

Das Einrichten einer Ausgleichsverankerung, mit abgebundenem Kräftedreieck an zwei Eisschrauben ist die zweckmäßigste und sicherste Möglichkeit einen Standplatz einzurichten. Der Standplatz muß so eingerichtet werden, dass ein zentraler Sicherungspunkt entsteht. In den zentralen Sicherungspunkt wird die Selbst- und Kameradensicherung eingehängt.

Bei der Wahl des Standplatzes sollte man sich vom Gelände leiten lassen und flache Stellen auswählen.

Grundsätzlich gibt es drei Möglichkeiten der Standplatzbereitung

1. Ausgleichsverankerung mit abgebundenem Kräftedreieck an zwei Eisschrauben
2. Reihenschaltung an einer Eischraube und einem Eisgerät
3. Standplatz an einer Ausgleichsverankerung mit Selbstsicherung am Eisgerät

Ein guter Standplatz hat folgende Faktoren

- Ausreichende Festigkeit für alle Belastungen
- Kräfteverteilung über eine Ausgleichsverankerung (Kräftedreieck)
- Die Körperlast hängt an den Eisgeräten um die Druckschmelzung auf die Eisschrauben zu reduzieren
- Seitlich versetzter Standplatz, um nicht im Eisschlag des Vorsteigers zu stehen
- Bequemer Platz zum Stehen um ein Hängen im Hüft- und Brustgurt zu verhindern
- Sicherer Platz vor objektiven Gefahren wie z.B Lawinen
- Wechsel des Vorsteigers bzw. Nachsteigers muß möglich sein

Standplatz im Steileis

Standplatz
Sicherungstechnik

Normalerweise wird der Standplatz mit einer Ausgleichsverankerung (Kräftedreieck) hergestellt. Je nach Gelände oder Qualität der Fixpunkte bietet sich die Einrichtung einer Reihenschaltung an.

Einrichten eines Standplatzes

Ein Stand wird am Beginn oder Ende jeder Seillänge eingerichtet. Am Stand wird die Selbstsicherung sowie die Sicherung für den Nachsteiger bzw. Vorsteiger eingehängt. Da bei einer Sturzbelastung die Kräfte vom Standplatz gehalten werden müssen, ist darauf zu achten, dass die Sturzkräfte mit Hilfe einer Ausgleichsverankerung optimal verteilt werden. Der Winkel innerhalb der Ausgleichsverankerung ist für die Kräfteverteilung entscheidend.

Kräftedreieck (abgebunden)

Selbst- und HMS-Sicherung

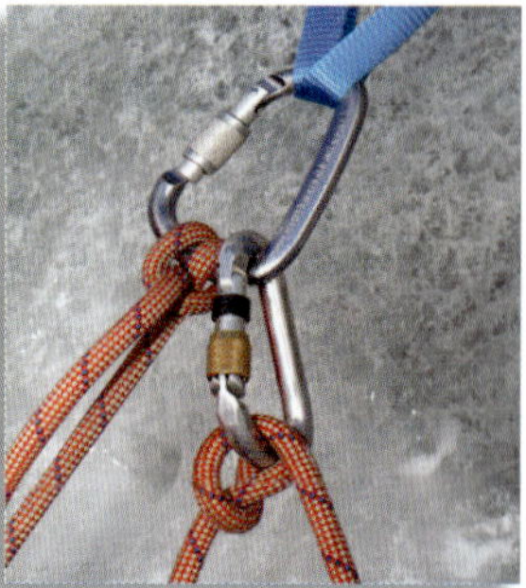
Kräftedreieck (Zenralpunkt)

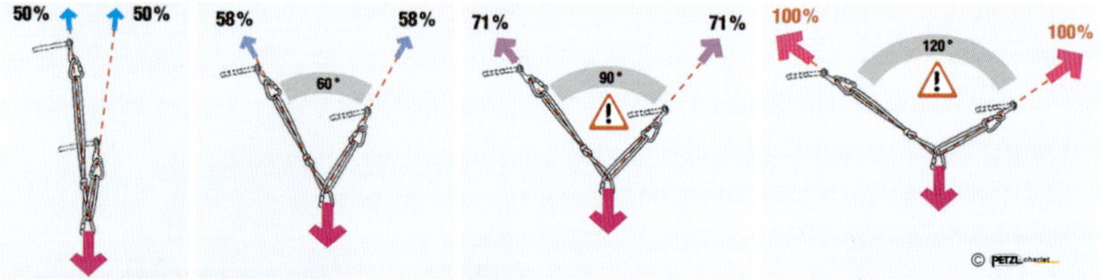

Kräfteverteilung einer Ausgleichsverankerung (Kräftedreieck)

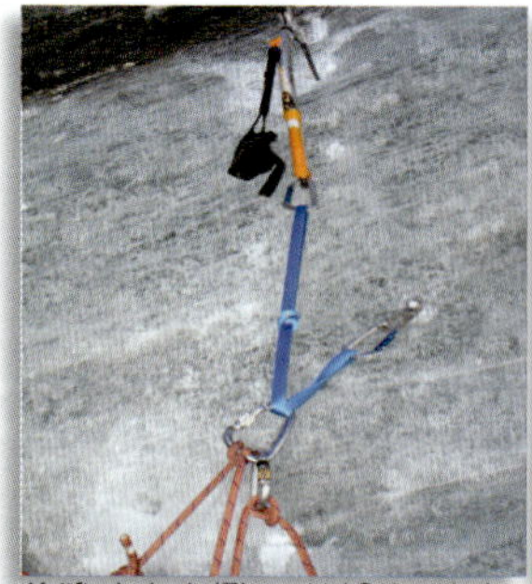
Kräftedreieck (Eisgerät / Schraube)

Reihenschaltung Eisgerät / Schraube

Reihenschaltung Eisgerät / Schraube

Wirkungsweise einer Ausgleichsverankerung (Kräftedreieck)

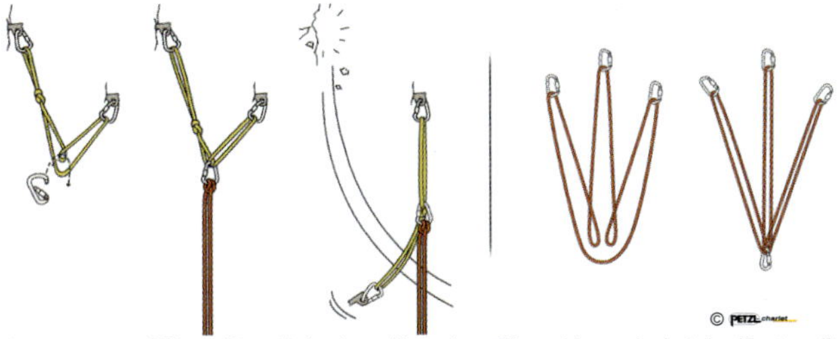

Ausgleichsverankerung an zwei Fixpunkten. Beim Ausreißen eines Fixpunktes reduziert der Knoten die Fallstrecke

> *Wenn das Körpergewicht im steilem Eis die Eisschrauben der Ausgleichsverankerung zu sehr belastet, dann muß das Körpergewicht an das Eisgerät gehängt werden.*

Standplatzwahl und taktisches Vorgehen

Die Standplätze müssen seitlich versetzt eingerichtet werden, damit der Sichernde am Stand nicht vom Eisschlag des Vorsteigers gefährtet wird.

Wahl des Standplatzes Standplatz mit zwei Eisschrauben

Zwischensicherung nach dem Stand

Wenn der Vorsteiger vom Stand wegklettert, muß dieser, möglichst kurz über dem Stand, die erste Zwischensicherung anbringen. Bei einem eventuellen Sturz wird so ein hoher Sturzfaktor verhindert. Außerdem ist es gefährlich, direkt in den Stand zu stürzen.

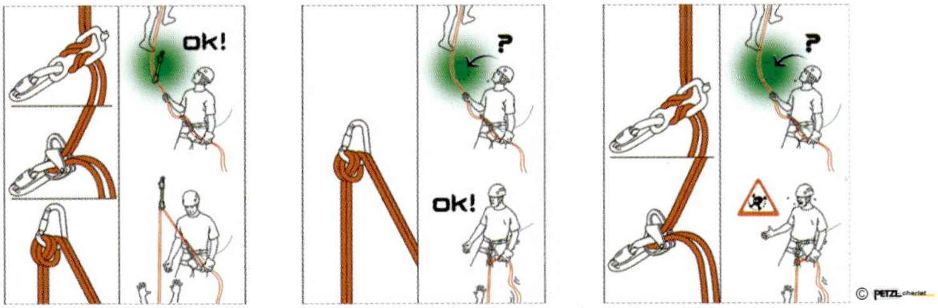

Das Sicherungsseil muß umgelenkt werden wenn mit einem Reverso oder Huit gesichert wird

Von der Qualität der Abseilstelle hängt das Leben der sich abseilenden Seilschaft ab.

Abseilen über Eisfälle

Gibt es keine Möglichkeit über einen „Normalweg“ oder einfaches Gelände abzusteigen muß abgeseilt werden. Ist bereits beim Aufstieg klar, dass über die Routen abgeseilt wird, können die Eissanduhren bereits beim Aufsteigen gefädelt werden. In der Regel müssen die Abseilstellen selbst eingerichtet werden. Nur in manchen Touren, die über Rinnen oder Couloirs führen, sind bereits feste Abseilstellen (Bohrhaken) vorhanden.

Probleme beim Abseilen

- Nasse oder vereiste Seile wirken sich negativ auf das Seilhändling aus.
- Seile mit starker „Krangelbildung“ können beim Abziehen große Probleme bereiten.
- Abseilstellen müssen in der Regel selbst eingerichtet werden. Zusätzliches Material wie Reepschnüre, Seilstücke oder Bandschlingen müssen „geopfert“ werden.

Fixpunkte für eine Abseilstelle

- Baumstämme
- Eissanduhr
- Eischraube (selbstausdrehende Eisschraube)

Methode zum Verbinden mehrerer Fixpunkte

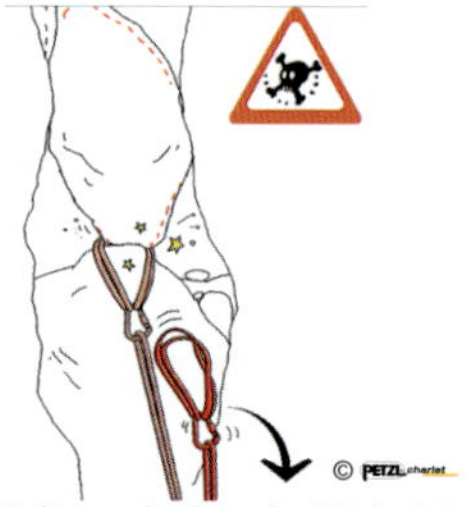

Achtung: Auch große Blöcke können sich lösen

Selbstsicherung zum Abseilen

Grundsätzlich muß zum Abseilen eine Selbstsicherung angebracht werden.

1. Zur Selbstsicherung wird eine armlange Bandschlinge mit einem Ankerstich in den Anseilpunkt des Hüftgurtes eingeknüpft (siehe S. 31, Abb. Nr. 1)
2. Die Selbstsicherungsschlinge mit einem Schraubkarabiner in die Abseilschlinge (Fixpunkt) einhängen (siehe Seite 31, Abb. Nr. 2)

Anbringen einer Selbstsicherung zum Abseilen

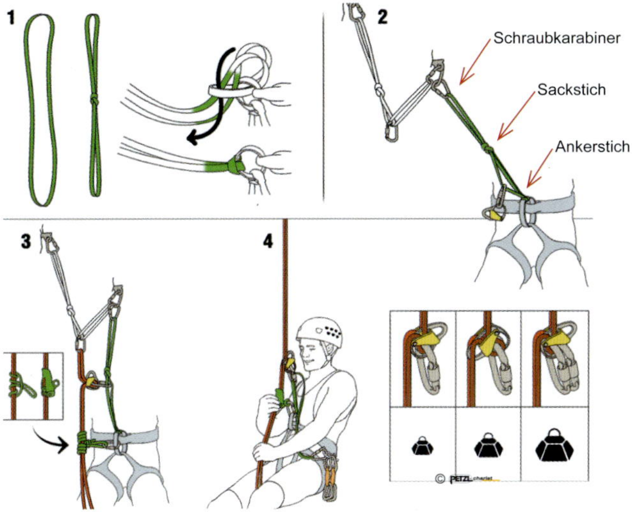

Selbstsicherung beim Abseilen

Benutzen Sie während des Abseilens immer eine Selbstsicherung

Zur Selbstsicherung während des Abseilens eignet sich eine Kurzprusik oder ein Shunt von Petzl. Die Sicherung muß unterhalb des Abseilgerätes (Abseilachter, Reverso) sein und wird mit der Bremshand mitgeführt (Abb. 3 und 4).

Auf eine Sicherung während des Abseilens kann verzichtet werden, wenn der Kletterparter das Seil von unten halten kann. Diese Vorgehensweise spart Zeit, sollte aber mit dem Kletterpartner genau abgesprochen werden, um Missverständnisse auszuschliessen.

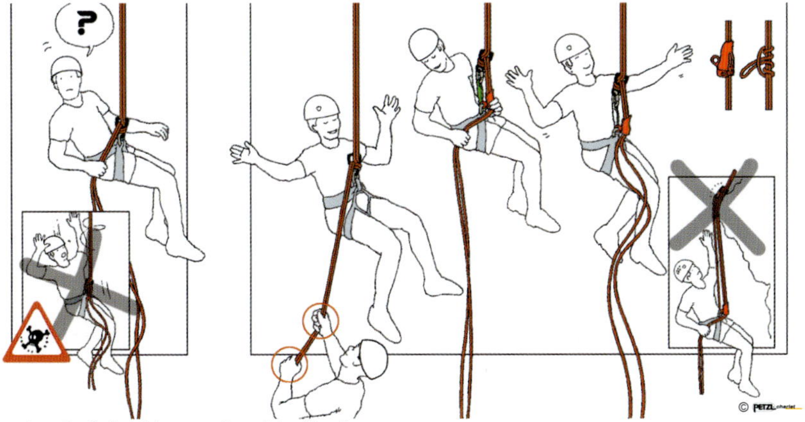

Anwendung der Selbstsicherung während des Abseilens

Einrichten einer Toprope-Umlenkung

Eine Toprope-Umlenkung sollte aus einer Reihenschaltung bestehen. Im Gegensatz zur Ausgleichsverankerung sind bei der Reihenschaltung nicht alle Fixpunkte gleichzeitig unter Belastung.

Wenn im Eis eine Toprope-Umlenkung mit Eisschrauben eingerichtet wird muß beachtet werden, dass die Schrauben einer Druckschmelzung ausgesetzt sind.

Auf folgende Punke bei Toprope-Umlenkungen achten

- Toprope-Umlenkung ständig kontrollieren
- Fixpunkte mit Schnee oder Eis abdecken (reduziert das Ausschmelzen)
- Zur Seilumlenkung immer einen Schraubkarabiner verwenden

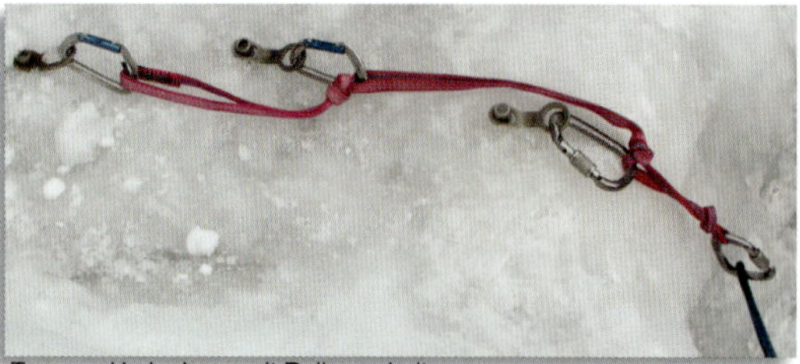
Toprope-Umlenkung mit Reihenschaltung

Selbstausdrehende Eisschraube

1. Express-Schlinge über das Gewinde der Eisschraube schieben (Bild 1).
2. Eisschraube bis auf ca. 4 cm in das Eis eindrehen. Die Eisschraube ein paar mal ein- und ausdrehen, damit sie sich später leichter lösen läßt.
3. Eine Reepschnur in die Eisschraubenlasche binden und durch Eindrehen der Eisschraube auf das Rohr wickeln (Bild 2).
4. In das Seil eine Sackstichschlinge einbinden und die Reepschur einknüpften.
5. Das Seil in den Karabiner der Express-Schlinge einhängen.
6. Nach dem Abseilen an dem Seilstrang, an dem die Reepschur fixiert wurde (richtigen Seilstrang markieren), ziehen. Dadurch dreht sich die Eisschraube aus dem Eis (Bild 3).

Die selbstausdrehende Eisschraube ist eine Möglichkeit an einer Eisschraube abzuseilen. Allerdings sollte diese Technik durch häufiges Üben perfekt beherrscht werden.

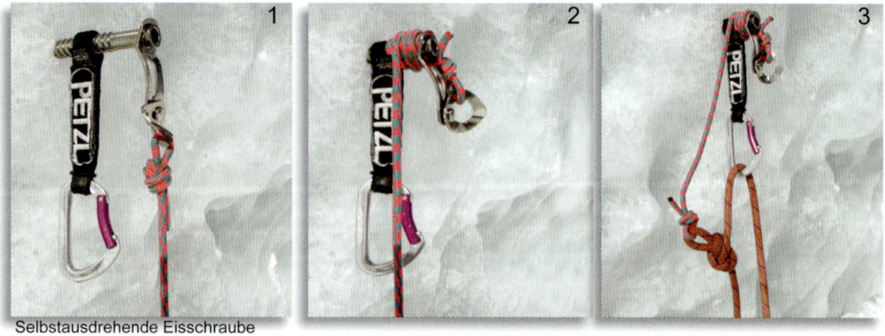

Selbstausdrehende Eisschraube

Gletscherspalten

Gletscher sind talwärts fließende Eismassen. Aufgrund der Fließbewegung reißt die Oberfläche des Gletschers an verschiedenen Stellen auf; es bilden sich Gletscherspalten.

Gletscherspalten sind nicht immer zu sehen, meist sind sie unter einer dünnen Schneeschicht verborgen. Deshalb gilt, dass auf verfirnten Gletschern grundsätzlich angeseilt werden muß.

Anseilen zum Begehen von Gletschern

Mit einem Seil kann ein Spaltensturz zwar nicht verhindert werden, aber der Stürzende kann von seinen Seilschaftspartnern gehalten und somit vor erheblichen Verletzungen bewahrt werden. Voraussetzung ist allerdings, dass richtig angeseilt wird, und die Seilschaft bei einem Spaltensturz entsprechend reagiert. Beim Gehen auf Gletschern müssen entsprechende Seilabstände eingehalten werden. Die ideale Seilschaftsgröße besteht aus drei bis fünf Personen. Seilschlingen dürfen nicht aufgenommen werden, da ein Spaltensturz sonst nicht gehalten werden kann. Bei einer Zweierseilschaft ist es sicherer wenn in das Seil im Abstand von ca. 1,5 m Bremsknoten eingeknotet werden.

Beim Begehen eines Gletschers dürfen keine Seilschlingen aufgenommen werden (Lebensgefahr).

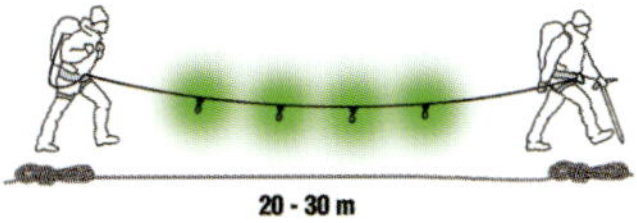

2er Seilschaft mit Bremsknoten im Seil

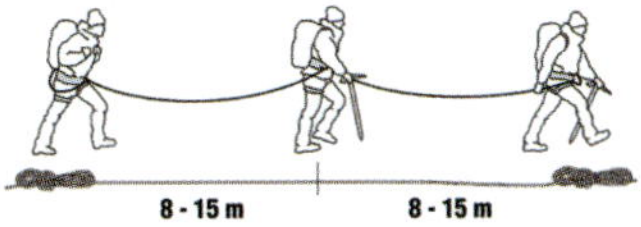

Anseilen einer 3er Seilschaft

2er Seilschaft ohne Bremsknoten im Seil ist ungünstig

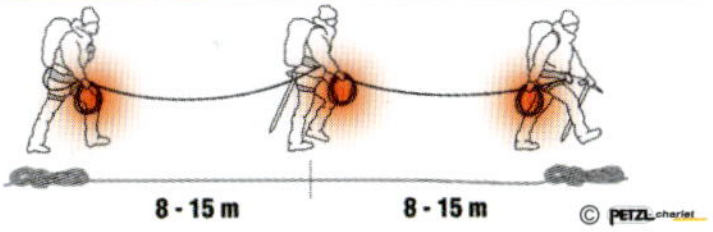

Seilschlaufen in der Hand zu halten ist sehr gefährlich

Die richtige Bremstechnik (Liegestütztechnik) muß aus allen Sturzpositionen heraus intensiv trainiert werden.

Bremsen von Stürzen

Ein Sturz auf einem Schnee- oder Firnhang wird, aufgrund der geringen Oberflächenreibung zwischen dem Gestürzten und dem Schnee innerhalb kürzester Zeit äußerst schnell. Dabei können Geschwindigkeiten fast wie im freien Fall erreicht werden. Deshalb muß bei Stürzen auf steilen Schnee- und Firnhängen sofort reagiert werden. Wenn der Körper erst mal Fahrt aufgenommen hat, ist ein sicheres Abbremsen unmöglich.

Die Liegestütztechnik

Die wirksamste Bremstechnik ist die Liegestütztechnik. Dabei werden in Bauchlage die Beine und Arme leicht gespreizt. Zum Bremsen werden die Schuhspitzen in den Schnee gedrückt. Die Arme halten den Oberkörper in einer Liegestützstellung.
Bei Stürzen auf den Rücken oder kopfüber muß der Körper zuerst gedreht werden, bevor die Liegestützstellung eingenommen werden kann.

Grundsätzlich gibt es drei verschiedene Bremstechniken

- 1. Abbremsen ohne Steigeisen und ohne Eispickel
- 2. Abbremsen ohne Steigeisen mit Eispickel
- 3. Abbremsen mit Steigeisen und Eispickel

1. Abbremsen ohne Steigeisen oder Eispickel

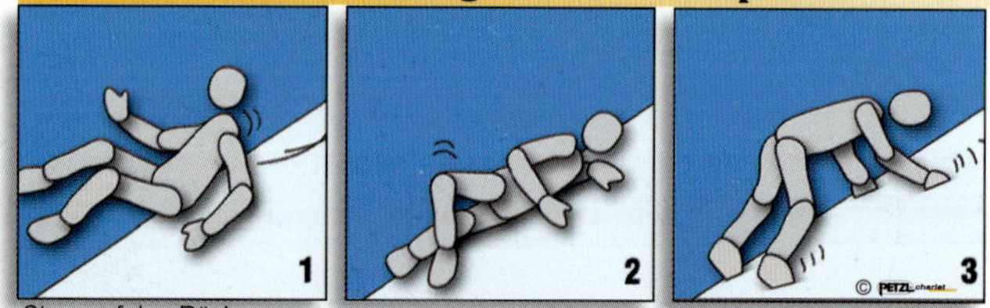

Sturz auf den Rücken

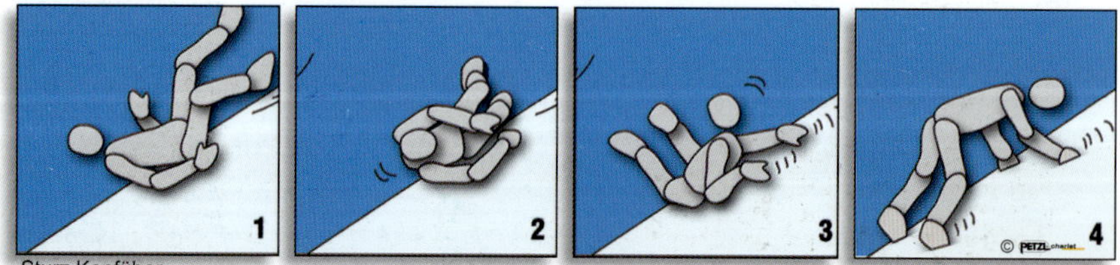

Sturz Kopfüber

2. Abbremsen ohne Steigeisen mit Eispickel

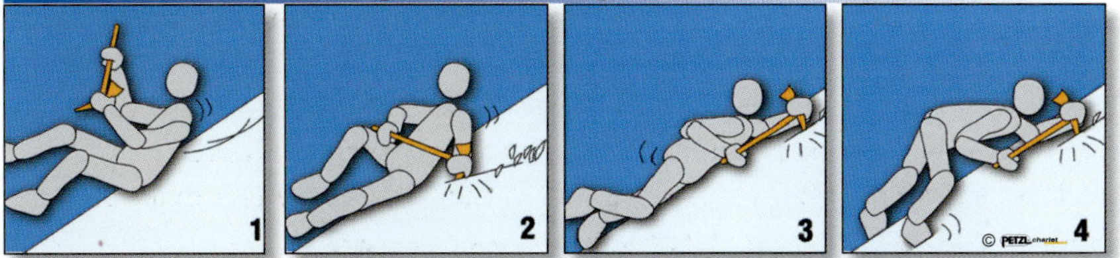

Sturz auf den Rücken

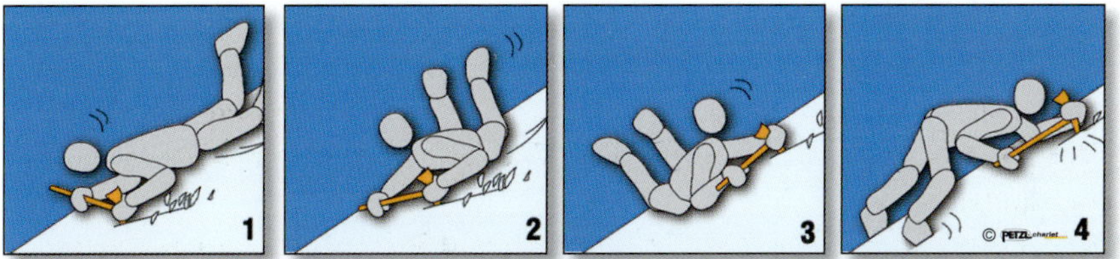

Sturz kopfüber

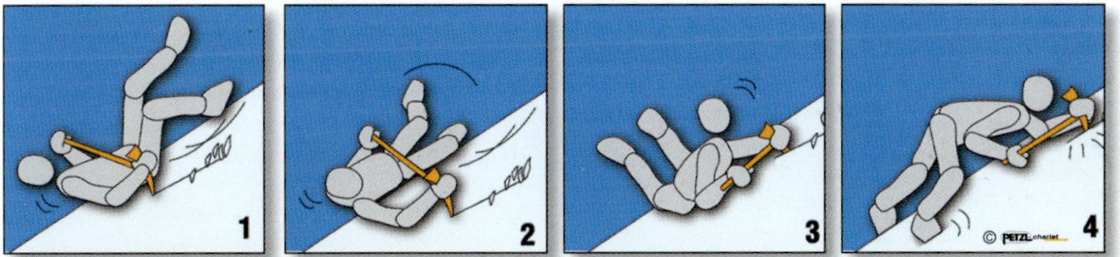

Sturz auf den Rücken, kopfüber

Damit die Reaktion der Bremstechnik automatisiert und verbessert wird, muß immer wieder intensiv geübt werden.

Das Übungsgelände muß einen flachen Auslauf haben und darf nicht mit Steinen durchsetzt sein.

Wenn Steigeisen getragen werden, darf nur mit dem Pickelrettungsgriff gebremst werden. Die Gefahr, dass sich die Steigeisen verhaken und man sich überschlägt, ist zu groß.

3. Abbremsen mit Steigeisen und Eispickel

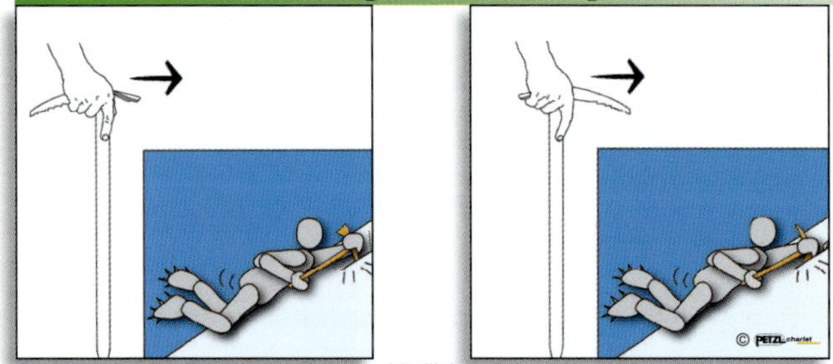

Verwendung des Eispickels bei unterschiedlichen Schneehärten

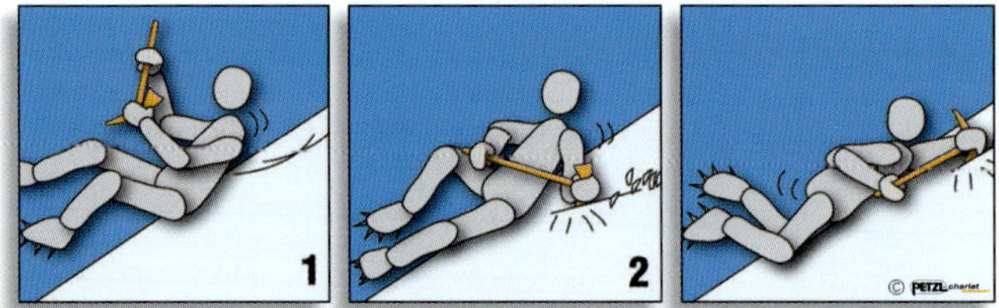

Sturz auf den Rücken

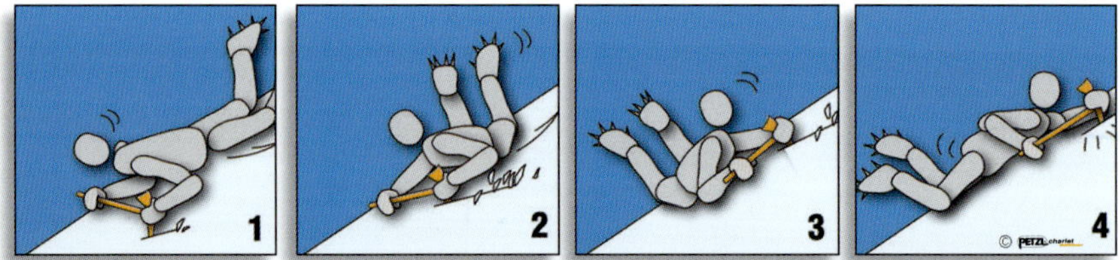

Sturz Kopfüber

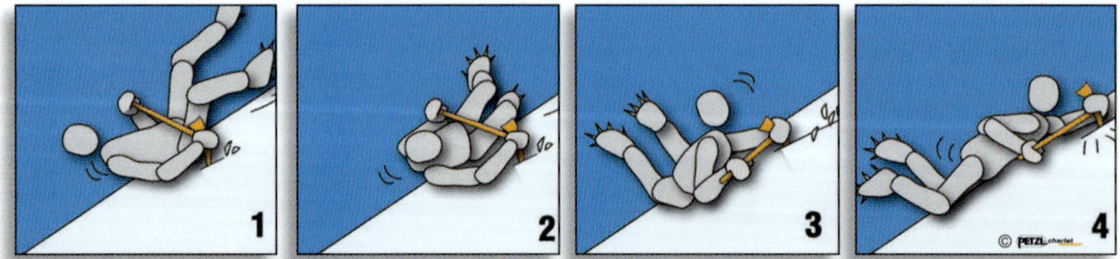

Sturz auf den Rücken, kopfüber

Gehen mit Steigeisen

Die Vertikalzackentechnik eignet sich besonders im flachen bis mittelsteilen Firn- und Eisgelände. Die Körperstellung steht im Zusammenhang mit dem Gleichgewichtserhalt (siehe Abbildungen).

Gehen mit Steigeisen bergauf (Vertikalzackentechnik)

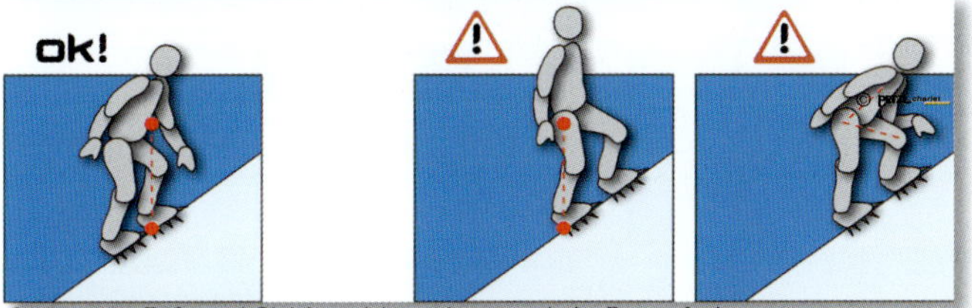

Stellung der Füße und Gleichgewichtsverlagerung beim Bergaufgehen

Gehen mit Steigeisen bergab (Vertikalzackentechnik)

Stellung der Füße und Gleichgewichtsverlagerung beim Bergabgehen

Der Körperschwerpunkt muß beim Gehen über den Steigeisen liegen

Grundstellung in der Vertikalzackentechnik (Körperschwerpunkt über der Standfläche)

Die Vertikalzackentechnik wurde von Oskar Eckenstein eingeführt, als es noch keine Frontalzacken gab. Obwohl heute alle Steigeisen Frontalzacken haben ist die Vertikalzackentechnik noch immer aktuell.

Steigeisen und Eispickeltechnik

Technik

> *Falls Steigeisen trotz einer Antistollplatte stollen, hilft folgender Tipp:*
>
> *Während des Gehens mit dem Pickelschaft abwechelnd an die Steigeisen klopfen. Dadurch fallen die Stollen ab.*

Gehen mit Steigeisen und Eispickel

Der Eispickel wird meist im Zusammenhang mit der Vertikalzackentechnik angewendet. Dabei dient der Eispickel meist zur Erhaltung des Gleichgewichts (siehe Abbildungen). Erst im steilem Gelände dient er als Zughilfe.

Eispickeltechnik: Spazierstockpickel

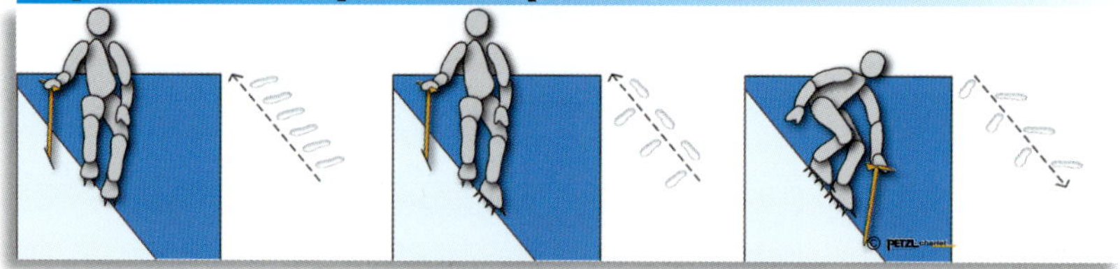

Um den Pickel als „Spazierstock“ verwenden zu können, muß dieser einen genügend langen Schaft haben

Eispickeltechnik: Geländerpickel

1

2

Wenn kurze, steile Stufen hinuntergestiegen werden müssen, ist der Geländerpickel hilfreich

Eispickeltechnik: Kopfstütz- und Schaftzugpickel

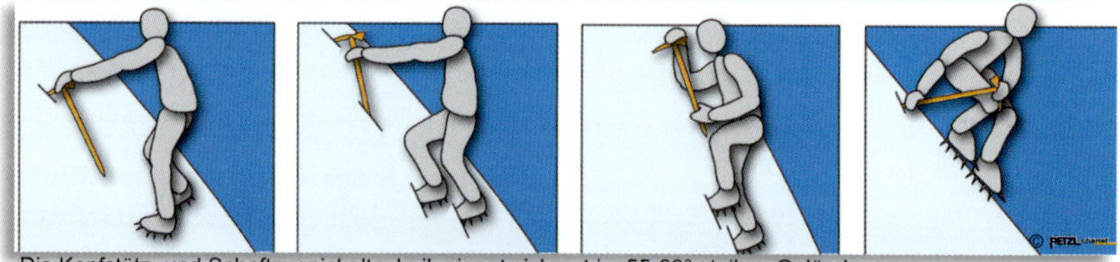

Die Kopfstütz- und Schaftzugpickeltechnik eignet sich gut im 55-60° steilem Gelände

Antistollplatten an den Steigeisen

Antistollplatten verhindern eine Stollenbildung an den Steigeisen

Schlagtechnik

Das Setzen der Eisgeräte sollte möglichst präzise erfolgen. Mehrmaliges Einschlagen kostet unnötig viel Kraft. Zudem wird die Eisstruktur durch abplatzende Eischollen zerstört. Wenn Eisgeräte zu fest eingeschlagen werden, läßt sich die Haue nur schwer aus dem Eis lösen. Vor dem Einschlagen der Haue sollte die Eisoberfläche beurteilt werden, um günstige Bereiche zu finden. Zum Setzen des Eisgerätes ist es manchmal hilfreich, die zu treffende Stelle mit der Haue kurz anzutippen und dann erst zum gezielten Schlag auszuholen.

Nur duch intensives Üben wird die Schlagtechnik präzise und gefühlvoll.

Setzen der Eisgeräte

- Bei kompaktem Eis geht die Schlagbewegung von der Schulter über Ober- und Unterarm aus.
- Bei dünnem, brüchigem und röhrenförmigem Eis wird das Gerät nur leicht aus dem Handgelenk eingeschlagen.

Präzises Einschlagen der Eisgeräte

Lösen der Haue

Das Lösen der Haue sollte durch eine Bewegung von unten nach oben erfolgen. Festsitzende Geräte können durch Schläge am Gerätekopf mit dem Handballen (von unten nach oben) gelöst werden. Durch links und rechts drehen am Geräteschaft kann es zu Beschädigung der Haue kommen.

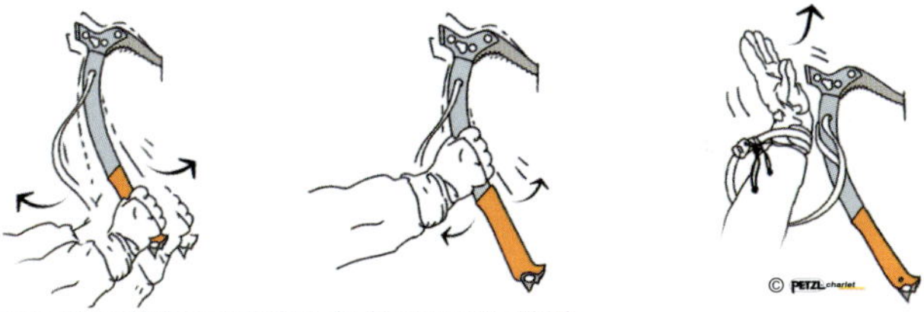
Zum Lösen der Eisgeräte seitliches verdrehen der Hauen vermeiden!

Die Eisbeschaffenheit sowie das persönliche Können entscheidet welche Eistour geklettert werden kann. Voraussetzung ist das perfekte Beherrschen der entsprechenden Technik.

Hooken mit dem Eisgerät
Bei komplizierten Eisgebilden, wie röhrenförmiges oder sprödes Eis, werden die Eisgeräte ohne Einschlagen verankert. Die Hauenspitze wird nur in kleine Dellen der Eisoberfläche gesetzt und nach unten belastet.

Frontalzackentechnik
Frontalzacken werden abwechselnd mit dem linken und rechten Bein in das Eis gesetzt oder eingeschlagen. Dabei wird mit dem entlasteten Bein zum Schlagen ausgeholt. Kurz vor dem Auftreffen der Frontalzacken wird die Muskulatur stabilisiert, damit die Schlagwirkung effektiver und präziser wird. Mehrmaliges Schlagen ist ungünstig und sollte vermieden werden. Das Eis kann an dieser Stelle zersplittern.

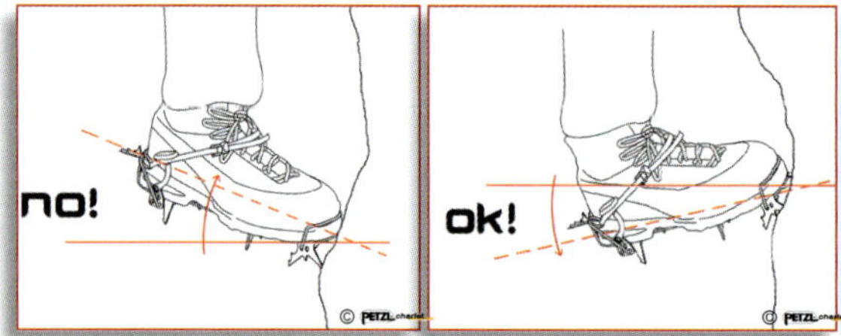

Präzises Setzen der Steigeisen

Spezielle Technik mit einem Fersendorn
Steigeisen mit einem Fersendorn eignen sich zum Hooken mit der Ferse. Ein gefühlvolles und präzises Setzen der Steigeisen verhindert die Zerstörung von gebrechlichen Eisgebilden. Dies ist besonders wichtig um schwierige Strukturen klettern zu können.

Klettertechnik im Mixedgelände
Die Kombination von Eisklettern und Felsklettern hat in den vergangenen Jahren eine enorme Beliebtheit erfahren. Mit Hilfe der Eisgeräte werden Felspassagen geklettert. Der Einsatz der Eisgeräte im Fels wird als „Dry Tooling“ bezeichent. (dry = eisfrei, tools = Geräte). Dabei werden die Hauen in Risse verkeilt oder auf kleinen Felsleisten und in Löchern gehookt. Die Bewegungsabläufe sind dem extremen Sportkletteren sehr ähnlich.

Bewegungsablauf: Grundtechnik

Die Eisgeräte werden in gleicher Höhe eingeschlagen, erst danach wird mit den Füßen höher gestiegen

Bewegungsablauf: Eindrehen

Ein wechselseitiges Einschlagen der Eisgeräte und Höhersteigen ist sehr effektiv

Manteln

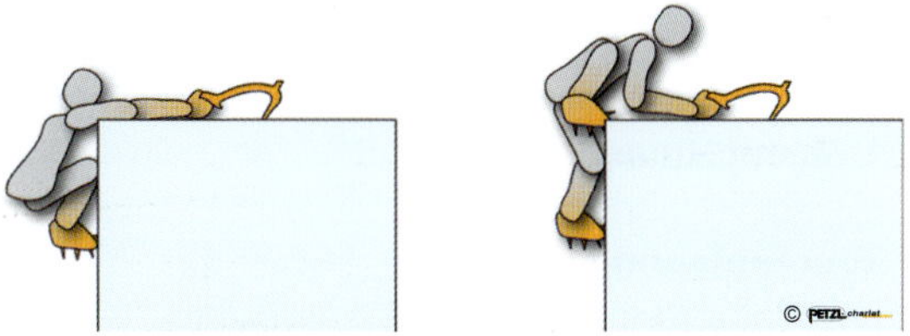

Manteln bietet sich an, wenn aus einer Steilstufe in flaches Gelände geklettert wird

Expertentechnik: Yaniro (auch Figure 4 genannt)

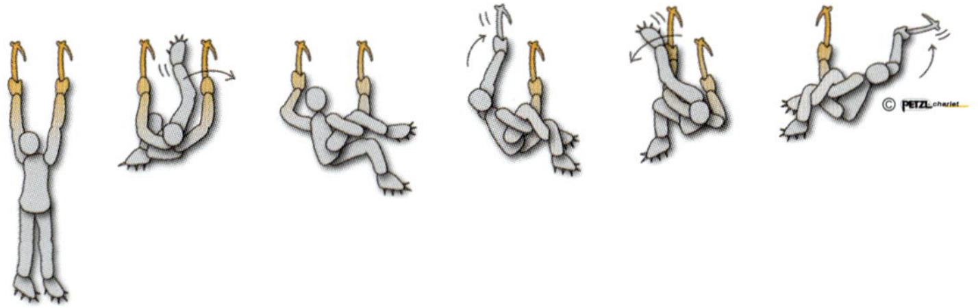

Im überhängendem Eis können Tritte ersetzt werden, wenn eine spezielle Fußtechnik angewendet wird

Extremes Eisklettern eröffnet neue Dimensionen.

Kraft, Ausdauer und vor allem ein ausgefeiltes Bewegungsrepertoire sind notwendig um in steilsten Eiswänden klettern zu können.

Grundlagen der Tourenplanung

Bei der Tourenplanung werden alle Informationen über das Tourenziel gesammelt und entsprechend ausgewertet. Daraus wird eine angepasste Taktik entworfen und angewendet.

Risikominimierung durch Tourenplanung

Die Grundlagen der alpinen Disziplin Eisklettern und Hochtouren über Schnee und Gletscher haben sich verändert. Aufgrund der Klimaerwärmung schmelzen die Gletscher kontinuierlich. Fast alle klassischen Eiswände sind heute ausgeapert und dadurch extrem stein- und eisschlaggefährdet.

Die Winter sind niederschlagsärmer geworden. Oft herrschen zwischen Dezember und Februar stabile Hochdrucklagen vor. Klassische Sommertouren können oft im Winter durchgeführt werden.

Touren in vergletscherten Gebieten stellen nach wie vor eine große Herausforderung dar. Das Klettern im Eis und im kombiniertem Gelände gehört zu den risikoreichsten Disziplinen des Bergsports.

Um das Risiko, das von Lawinen, Kälte, Eis- und Steinschlag ausgeht zu reduzieren, ist eine gewissenhafte Tourenplanung mit taktischen Überlegungen unabdingbar.

Tourenplanung

Die Tourenplanung beginnt zu Hause beim Aussuchen des Tourenziels und setzt sich über die gesamte alpine Unternehmung hinweg durch. Je nach Situation muß neu geplant und entschieden werden. Folgende Kriterien erleichtern die Tourenplanung.

Kriterien der Tourenplanung

- Vorbereitung (Toureninformationen, Ausrüstung, Wetterbericht)
- Zeitmanagement
- taktisches Verhalten während der Tour

Informationsvorbeitung

Zu einer gewissenhaften Vorbereitung gehört das Studium von Karten, Führern, sowie das Einholen des Wetter- und Lawinenlageberichts. Aus dem Internet lassen sich über fast jede Tour aktuelle Informationen einholen. Daten über Charakter der Tour, Verhältnisse und Zeitfaktor werden gewissenhaft ausgewertet und in die gesamte Tourenplanung mit einbezogen.

Grundlagen der Tourenplanung

Ausrüstungvorbereitung

Ein weiterer Schritt der Vorbereitung ist das Zusammenpacken der Ausrüstung. Aufgrund der gesammelten Informationen über die geplante Tour wird das Material zusammengestellt. Ein gemeinsamer Ausrüstungscheck mit dem Tourenpartner verhindert, dass Material vergessen wird. Eine wertvolle Hilfe stellen Ausrüstungs-Checklisten dar (Seite 12 und 13). Die gesamte Ausrüstung sollte auf die Seilpartner aufgeteilt werden, um zu verhindern, dass ein Seilpartner unnötig stark belastet wird.

Viele Probleme resultieren daraus, dass bei der Zeitplanung sehr nachlässig gearbeitet wird. Rechnet man auf normale Zeiten ein Drittel mehr, reicht das in der Regel um ernsthafte Schwierigkeiten zu vermeiden.

Zeitmanagement

Die Wahl des richtigen Zeitpunktes entscheidet darüber, ob die Tour gelingt. Das Risiko einer alpinen Unternehmung kann zu einem falschen Zeitpunkt enorm hoch sein. Auch während der Tour muß der ermittelte Zeitplan eingehalten werden. Bei Hoch- und Eistouren kommen viele schwierig einzuschätzende Parameter zum Tragen. Frischer Neuschnee, schwierige Eisverhältnisse usw. können einen Zeitplan äußerst schnell unrealistisch werden lassen. Folgende Richtwerte helfen bei der Zeitplanung.

Zeitplanung für Gehgelände

- für 300 Höhenmeter Aufstieg (Gehgelände) = ca. 1 Stunde
- für 400 Höhenmeter Abstieg (Gehgelände) = ca. 1 Stunde
- für 4 Kilometer horizontale Wegstrecke = ca. 1 Stunde

Alle Zeitenangaben sind subjektiv und hängen selbstverständlich vom persönlichen Können ab. Durch Selbstreflektion bekommt man ein Gefühl dafür, wieviel Zeit man für bestimmte Geländeformationen benötigt.

Zeitplanung für das Eisklettern

- Pro Seillänge (Vorstieg ca. 20-30 min, Nachstieg ca. 15 min)
- Einrichten und Abbauen eines Standplatzes ca. 5-10 min
- Abseilen ist stark von den äußeren Bedingungen abhängig. Wenn alle Fixpunkte zum Abseilen (z. B. Eissanduhren) angebracht werden müssen, ist dies zeitaufwendig. Für Abseilen sollten ca. 15-30 min pro Seillänge angesetzt werden.

Tourenplanung

Ein Hochtouren- oder Eisklettertag muß immer ein oder mehrere Tage vorher geplant und organisiert werden. Durch eine gewissenhafte Vorbereitung können gefährliche Situationen im Gelände deutlich reduziert werden.

Eine gute und gewissenhafte Tourenplanung dauert meist nicht länger als 20 min.

Auch während der Tour sind immer wieder Entscheidungen zu treffen, die entsprechend umgesetzt werden müssen.

Die wichtigsten Punkte der Tourenvorbereitung sind

Wetterbericht	Wind, Niederschlag, Temperatur
Lawinenlagebericht	Gefahrenstufe, Gefahrenstellen
Geländebeurteilung aus Karte und Führerliteratur	Hangneigung, Hangform, Hangexposition, Eisverhältnisse
Gruppe	Größe, Können, psychologische Aspekte
Notfall-Ausrüstung	LVS-Gerät, Schaufel, Sonde, Biwaksack, Handy (Funkgerät), Erste-Hilfe-Set

Der Mensch und sein Verhalten in der Natur

Von der Natur geht wohl die kleinste Gefahr aus. Die verschiedenen Spielformen des Bergsteigens bergen unterschiedliche Gefahrenpotentiale in sich. Dabei zählen das Hochtourengehen und das Eisklettern zu den risikoreicheren Aktiviäten. Fast alle Unfälle im alpinen Gelände sind auf mangelndes Wissen und Können der Bergsteiger zurückzuführen.

Die Ursache bei den meisten Unfällen liegt nicht nur in einer falschen Beurteilung der Verhältnisse, sondern auch in gruppendynamischen Prozessen.

Besonders bei modernen Trendsportarten scheint eine hohe Risikobereitschaft wichtig zu sein. Der Spruch „no risk no fun" hat demnach immer noch Gültigkeit. Dabei läßt sich mit einem entsprechendem Risikomanagement das Restrisiko senken und der Spaßfaktor steigern.

Nicht nur die körperlichen Voraussetzungen wie Fitness und Gesundheit sind von entscheidender Bedeutung um einen Tourentag genießen zu können, ebenso wichtig ist ein guter psychischer Zustand.

Das Erkennen von Gefahrensituationen, sowie ein entsprechendes Verhalten darauf, wird besonders von physischen und psychischen Faktoren beeinflußt. So spielen bei einem Unfall Mängel an fachlichen und sozialen Kompetenzen immer eine Rolle. Deshalb müssen bei der Tourenvorbereitung sowohl die fachlichen als auch die sozialen Kompetenzen immer berücksichtigt werden.

Fachliche Kompetenz

- Tourenauswahl und Tourenplanung
- Verhalten während einer Tour
- alpine Erfahrung
- Fachwissen (Lawinen, Erste-Hilfe usw.)

Soziale Kompetenz

- eigenverantwortliches Denken
- kritische Selbsteinschätzung
- Verantwortungsbewußtsein gegenüber der Gruppe und der Natur

Schwierigkeitsbewertung

Die Schwierigkeitsbewertung beim Eisklettern ist nur ein Richtwert. Die Eisbedingungen sind zu unterschiedlich, um einen Eisfall exakt zu bewerten. Zur Unterscheidung von der Felskletterschwierigkeit wird der Eisbewertung ein **W** oder **WI** vorangestellt für **W**ater **I**ce oder **W**inter.

W1 Grad 45° - 60° steil, das Eis ist kompakt und von guter Qualität. Es kann aus fast jeder Kletterposition eine Sicherung gelegt werden.

W2 Grad 60° - 70° steil, das Eis ist kompakt und von guter Qualität. Die Sicherungsmöglichkeiten sind gut. Stände einzurichten sind kein Problem.

W3 Grad 70° - 80° steil, das Eis ist kompakt. Steilere Passagen wechseln mit guten Rastpositionen ab, aus diesen eine Sicherung gut gesetzt werden kann.

W4 Grad Durchgehend 70° - 80° steil, mit senkrechten Abschnitten zwischen guten Standplätzen. In der Regel gutes Eis, in dem sich zufriedenstellende Sicherungen anbringen lassen.

W5 Grad Konstante 85° - 90° steil, mit längeren senkrechten Passagen. Das Eis ist meist gut.

W6 Grad Andauernde 90° steil, mit sehr wenigen Ruhepunkten. Das Eis ist nicht homogen (z.B. Röhren mit Hohlräumen oder dünne, freistehende Eissäulen, die auch freihängen können). Die Zwischensicherungen sind unzuverlässig.

W7 Grad Eine senkrechte, evtl. technisch sehr heikle Seillänge in spröden, minderwertigem Eis. Teilweise auch kurze, extrem schwierige Einzelpassagen an Eisüberhängen und Säulen, oft mit Fels kombiniert. Sichern ist schwierig oder gar unmöglich.

W8 Grad Diese Routen sind meist den Speziallisten vorbehalten.

Die Ernsthaftigkeitsbewertung (E1 bis E6) gilt für die gesamte Route. Sie setzt sich aus Qualität der Absicherung, Verletzungsgefahr, psychische Anforderungen zusammen. Eine E1-Route hat eine gute Absicherung und es besteht eine geringe Verletzungsgefahr. Folglich ist Angst (fast) unbegründet. Bei einer E6-Route ist die Absicherung schlecht und daher das Verletzungsrisiko hoch. Angst ist deshalb begründet (verständlich!).

Die Mixedbewertung wird für Touren verwendet, die teilweise reine Felspassagen aufweisen. Da diese Touren meist den Spezialisten vorbehalten sind, wird hier nicht näher darauf eingegangen.

Lawinengefahr auf Hochtouren

Lawinen bilden sich im steilen Gelände nicht nur im Winter, sondern auch im Sommer. Wenn im Sommer auf harten gefrorenen Firn eine größere Menge Neuschnee fällt, rutscht dieser meist nach einer Erwärmung in Form von „Naßschneerutschen" ab. Darüberhinaus verfrachtet der Wind lockeren Schnee in Windschattenhänge, wodurch eine erhöhte Lawinengefahr entsteht. Abtauender Schnee im Felsgelände rutscht über Felsstufen und Rinnen. Dadurch entstehen Lockerschneelawinen. Nicht selten werden Bergsteiger durch Lockerschneelawinen mitgerissen und verschüttet.

Für weiterführende Informationen verweisen wir auf das Buch: Lawinen know-how, Der Bergführer rät... erschienen im AM-Berg Verlag.

Lawinengefahr beim Wasserfallklettern

Bergsteigen im Winter bedeutet immer das Vorhandensein latenter Lawinengefahr. Häufig befinden sich gefrorene Wasserfälle in Tobeln, Rinnen und Couloirs. Diese Geländeformen sind nicht nur ideal für die Entstehung von Eisfällen, sondern auch typische Lawinenbahnen. Sehr oft befinden sich oberhalb des Wasserfalls Einzugsgebiete für Lawinen. Die Hänge oberhalb von Eisfällen sind somit immer ein idealer Nährboden für Lawinen und Steinschlag. Darüber hinaus ist man häufig auch beim Zustieg zum Wasserfall im lawinengefährdeten Gelände unterwegs.

Beachte

- Vor der Tour immer den aktuellen Lawinenlagebericht einholen.
- Großräumige Topographie des Geländes (Wasserfall) beachten.
- Nach Neuschneefällen und einem darauffolgenden Wärmeeinbruch ist die Gefahr von Naßschneelawinen besonders groß.
- Kleine Schneerutschen bringen meist Steinschlag mit sich.
- Im winterlichem Gebirge immer mit LVS-Gerät, Lawinenschaufel und Lawinensonde unterwegs sein.

Wasserfall im Einzugsgebiet von Lawinen

Lawinenlagebericht

Der Lawinenlagebericht dient als Grundlage für die Beurteilung der Lawinensituation und muß daher immer zur Tourenplanung herangezogen werden.

Die Lawinenwarndienste

Die Institutionen der verschiedenen Alpenländer geben regelmäßig oder je nach Verhältnissen, neue Lawinenlageberichte heraus.
Der Lawinenlagebericht informiert nicht nur Skitourengeher und Variantenfahrer sondern auch die Kommunen (Lawinenkommissionen) über die aktuell vorherrschende Lawinensituation.

In Bayern erstellt die Lawinenwarnzentrale des Wasserwirtschaftsamtes den Lawinenlagebericht für den gesamten bayerischen Alpenraum.
In Österreich sind die einzelnen Länder (Tirol, Vorarlberg usw.), in der Schweiz das Eidgenössische Institut für Schnee- und Lawinenforschung (SLF), für den Lawinenlagebericht verantwortlich.
Die Lawinenwarndienste erhalten Daten aus den Messstellen, die in den verschiedenen Regionen verteilt sind.

Die Faktoren Niederschlag, Wind, Temperatur und Strahlung werden durch Schneeprofile und Beobachtungen von Lawinenabgängen ergänzt.
Der Lawinenlagebericht gibt eine gute allgemeine Beschreibung der Situation. Jedoch müssen die lokalen Verhältnisse immer vor Ort beurteilt werden.

Der Lawinenlagebericht enthält zusätzliche Informationen, wie

- die vergangene und aktuelle Wettersituation (Neuschnee, Wind, Temperatur) und die Konsequenzen für die Schneedecke
- den Schneedeckenaufbau (Setzungszustand, schwache Zwischenschichten, Durchfeuchtung, usw.) und dessen Störanfälligkeit
- die Beschreibung möglicher Gefahrenbereiche (Höhenlage, Exposition, Geländeformen)
- die zu erwartende Lawinenart und die Auslösewahrscheinlichkeit
- Prognose über die zu erwartende Entwicklung

Europäische Gefahrenskala

Gefahrenstufe	Schneedeckenstabilität	Lawinen-Auslösewahrscheinlichkeit
1 (gering)	Die Schneedecke ist allgemein gut verfestigt und stabil.	Auslösung ist nur bei großer Zusatzbelastung[2], an sehr wenigen, extremen Steilhängen möglich.
2 (mäßig)	Die Schneedecke ist an einigen Steilhängen[1] nur mäßig verfestigt, ansonsten allgemein gut verfestigt.	Auslösung ist bei großer Zusatzbelastung[2], vor allem an den angegebenen Steilhängen, wahrscheinlich. Größere und spontane Lawinen sind nicht zu erwarten.
3 (erheblich)	Die Schneedecke ist an vielen Steilhängen[1] mäßig bis schwach verfestigt.	Auslösung ist bei geringer Zusatzbelastung[2], vor allem an den angegebenen Steilhängen, wahrscheinlich. Fallweise sind spontan einige mittlere, vereinzelt aber auch große Lawinen möglich.
4 (groß)	Die Schneedecke ist an den meisten Steilhängen[1] schwach verfestigt.	Auslösung ist bereits bei geringer Zusatzbelastung[2] an den meisten Steilhängen wahrscheinlich. Fallweise sind spontan viele mittlere, mehrfach auch große Lawinen zu erwarten.
5 (sehr groß)	Die Schneedecke ist allgemein schwach verfestigt und weitgehend instabil.	Spontan sind zahlreiche, große Lawinen, auch in mäßig steilem Gelände, zu erwarten.

In allen Alpenländern gilt die europäische, fünfstufige Lawinengefahrenskala. Die Gefahrenskala beschreibt die Schneedeckenstabilität, Auslösewahrscheinlichkeit und gibt die gültige Gefahrenstufe an.

[1] Das lawinengefährliche Gelände ist im Lawinenlagebericht im allgemeinen näher beschrieben, (z.B Höhenlage, Exposition, Geländeform usw.).

[2] Zusatzbelastung: - groß (z.B. Skifahrergruppe ohne Abstände, Pistenfahrzeug), - gering (z.B. einzelner Skifahrer)

Steilhänge: Hänge steiler als rund 30 Grad, mäßig steiles Gelände: Hänge flacher als rund 30 Grad
extreme Steilhänge: besonders ungünstig bezüglich Neigung, Geländeform, Kammnähe, Bodenrauhigkeit
spontan: ohne menschliches Dazutun, Exposition: Himmelsrichtung, in die ein Hang abfällt, exponiert: besonders der Gefahr ausgesetzt. Die Gefahrenstufen gelten einheitlich im ganzen Alpengebiet.

Lawinenwarndienste

Lawinenlagebericht Deutschland

Telefon: +49 (0)89/9214-1210
Persönliche Beratung: +49 (0)89/9214-1555
Faxabruf: +49 (0)89/9214-1130
www.lawinenwarndienst.bayern.de
Teletext: BR Seite 646

Lawinenlagebericht Österreich

Internet für alle österreichischen Bundesländer:
www.lawine.at
Teletext: ORF Seite 615

Tirol

Telefon: +43 (0)512/1588
Persönliche Beratung: +43 (0)512/5818-39
Faxabruf: +43 (0)512/581839-81

Vorarlberg

Telefon: +43 (0)5522/1588

Salzburg

Telefon: +43 (0)662/1588
Persönliche Beratung: +43 (0)662/8042-2170
Faxabruf: +43 (0)662/8042-3033

Oberösterreich

Telefon: +43 (0)732/1588
Persönliche Beratung: +43 (0)732/7720-2458

Kärnten

Telefon: +43 (0)463/1588
Persönliche Beratung: +43 (0)463/536-2891

Steiermark

Telefon: +43 (0)316/1588
Faxabruf: +43 (0)316/242300
Persönliche Beratung: +43 (0)316/242200

Lawinenlagebericht Schweiz

Eidgenössisches Institut für Schnee- und Lawinenforschung
Telefon: +41 (0)81/417 01 11
Fax: +41 (0)81/417 01 10
Teletext: SF Seite 197
Faxabruf: 0900/592021 (erhöhte Gebühren)
Faxabruf Gefahrenkarte zum Lawinenbulletin: 0900/592024 (erhöhte Gebühren)
Faxabruf Schneehöhenkarte: 0900/592025 (erhöhte Gebühren)
Faxabruf Neuschneekarte: 0900/592026 (erhöhte Gebühren)
Faxabruf Schneedeckenzustandskarte: 0900/592027 (erhöhte Gebühren)

Regionale Lawinenbulletins Zentralschweiz
Faxabruf: 0900/592031 (erhöhte Gebühren)

Unterwallis
Faxabruf: 0900/592032 (erhöhte Gebühren)

Oberwallis
Faxabruf: 0900/592033 (erhöhte Gebühren)

Nord- und Mittelbünden
Faxabruf: 0900/592034 (erhöhte Gebühren)

Lawinenlagebericht Frankreich

Telefon: +33/(0)836/681020www.meteo.fr/temps/france/avalanches

Lawinenlagebericht Italien/Südtirol

Telefon: +39/0471/271177
Persönliche Beratung: +39/0471/414740
Faxabruf: +39/0471/271177-270555
www.provincia.bz.it/meteo

Lawinenlagebericht Slowenien

Telefon: +386/619822
www.rzs-hm.si/dejavnosti/lavine.html

Webseiten zur Lawinensituation

Deutschland:	www.lawinenwarndienst.bayern.de
Österreich:	www.lawine.at Tirol: wap.lawine.at
Schweiz:	www.slf.ch, www.swiss-snow.ch
Weltweit:	www.lawine.org

Webseiten über Wetterverhältnisse

International:	www.wetter.com
Deutschland:	www.alpenverein.de
Österreich:	www.alpenverein.at/wetter
Schweiz:	www.meteoschweiz.ch/de/
Frankreich:	www.meteo.fr/temps
Südtirol:	www.alpenwetter.com

Literatur /Quellennachweis:

- Lawinen know-how, Der Bergführer rät..., Durner/Römer ISBN 3-9807101-5-7
- Erste-Hilfe Bergrettung, Römer/Durner ISBN 3-9807101-2-2
- Alpin-Lehrplan Band 3 Geyer/Dick ISBN 3-405-14823-5

Rechtliche Hinweise zum Eisklettern an gefrorenen Wasserfällen

Damit Sie den Eisklettersport und die Schönheit der winterlichen Natur genießen können, jedoch nicht mit dem Gesetz in Konflikt kommen, sollten Sie einige rechtliche Hinweise beachten.

Unsere gesetzlich geregelte, rationalisierte und normierte Zivilisation endet nicht im Gebirge. Wer Ärger verhindern will muß sich an Gesetze halten. Dies gilt auch im Gebirge.

Das sollten Sie wissen

Nach dem Bayerischen Wassergesetz (BayWG) darf grundsätzlich jedermann oberirdische Gewässer unter anderem zum Eissport ohne behördliche Genehmigung und ohne Zustimmung des Gewässereigentümers oder sonstigen Berechtigten unentgeltlich benutzen (Art. 21 Abs. 1 Satz 1 BayWG). Darunter fallen das Schlittschuhfahren, das Eisstockschießen und ähnliche sportliche Betätigungen. Dieser sogenannte Gemeingebrauch gilt für Betätigungen im Rahmen traditioneller Formen der Freizeitgestaltung und Sportausübung. Diese können abweichend vom naturschutzrechtlichen Betretungsrecht, sowohl dem Naturgenuss und der Erholung als auch primär wirtschaftlichen oder ausschließlich sportlichen Intereressen wie etwa bei Wettkämpfen dienen. Das Eisklettern an gefrorenen Wasserfällen fällt in Bayern nicht unter den allgemein zulässigen Gemeingebrauch. Die Kreisverwaltungsbehörden können aber durch Rechtsverordnung oder Allgemeinverfügung geeignete Gewässerabschnitte für das Eisklettern zur Ausübung des Gemeingebrauchs widmen (Art. 21 Abs. 1 Satz 3 in Verbindung mit Art. 22 BayWG). Aus Anlass der Änderung des Bayerischen Wassergesetzes 1998 hat das Bayerische Staatsministerium für Landesentwicklung und Umweltfragen mit Schreiben vom 31.08.1998 an die Kreisverwaltungsbehörden dazu folgenden Hinweis gegeben: „Im Hinblick auf das besondere Ruhebedürfnis der Tierwelt im Winter sollte eine entsprechende Widmung nach Art. 21 Abs. 1 Satz 3 BayWG allenfalls in besonderen Ausnahmefällen erfolgen.

Abkürzungen der Rechtsvorschriften:

BayNatSchG = Bayerisches Naturschutzgesetz
BayWG = Bayerisches Wassergesetz
LStVG = Landesstraf- und Verordnungsgesetz
WHG = Wasserhaushaltsgesetz

Wo dürfen Sie in der Regel Eisklettern?

- grundsätzlich an dafür zum Gemeingebrauch behördlich gewidmeten gefrorenen Wasserfällen
- wenn ein öffentlicher Zugang oder ein rechtmäßiger Zugang (z.B. nach dem naturschutzrechtlichen Betretungsrecht) über fremde Ufergrundstücke zum Wasserfall besteht

Wo dürfen Sie nicht Eisklettern?

- an nicht dafür zum Gemeingebrauch behördlich gewidmeten gefrorenen Wasserfällen
- bei räumlichen oder zeitlichen Beschränkungen des Gemeingebrauchs (Art. 22 BayWG)
- wenn kein öffentlicher Zugang oder rechtmäßiger Zugang über fremde Grundstücke zum gefrorenen Wasserfall besteht (Art. 21 Abs. 1 BayWG)

Nähere Informationen unter www.umweltministerium.bayern.de/bereiche/natur/freizeit/recht.htm

Notfallmeldung

„Handy sei Dank", können wir an fast allen Plätzen im Gebirge einen Notruf absenden.

Alpine Notrufnummern

Europäische Notrufnummer: 112

Deutschland	Österreich	Schweiz	Italien/Südtirol
Tel. 19222	Tel. 144	Tel. 144	Tel. 118

Steileisklettern in Zermatt

Die Notfallmeldung

Um eine professionelle Bergrettung taktisch sinnvoll und zielgerecht planen zu können, benötigen die Leitstellen einen exakt detaillierten Unfallbericht.

Dieser sollte aus folgenden Angaben bestehen

1. Was ist passiert?
2. Wieviele Verletzte?
3. Wo ist es passiert?
4. Wann ist es passiert?
5. Wetter am Unfallort?
   Bei einem eventuellen Hubschraubereinsatz ist es von großer Bedeutung, welche Sichtweiten, Windrichtungen und Windstärken am Einsatzort vorherrschen.
6. Wer meldet?

Das Alpine Notsignal ist in Wander- und Kletterführern, auf dem Alpenvereinsausweis oder auf verschiedenen Ausrüstungsgegenständen, wie z. B. in der Deckeltasche von Deuter Rucksäcken beschrieben.

Alpines Notsignal

Das im ganzen Alpenraum gültige Alpine Notsignal dient zur Verständigung der Verunglückten mit den Rettern. Bergsteiger, die Hilfe benötigen, geben innerhalb einer Minute sechsmal in regelmäßigen Abständen ein sichtbares oder akkustisches Zeichen. Nach einer Pause von einer Minute wird der Vorgang wiederholt, solange bis Antwort in Form eines akkustischen oder sichtbaren Zeichens wahrzunehmen ist. Die „Retter“ antworten, indem sie innerhalb einer Minute dreimal, in regelmäßigen Abständen, ein entsprechendes, sichtbares oder akkustisches Zeichen zurückgeben.

Hilfe wird benötigt:
6 x in der Minute ein akkustisches oder sichtbares Zeichen geben

Retter antwortet:
3 x in der Minute ein akkustisches oder sichtbares Zeichen geben

Alpines Notsignal

Spaltenbergung

Bei Praxisübungen an Gletscherspalten muß der Seilletzte zusätzlich an einem sicheren Fixpunkt „hintersichert" werden. Das „Sicherungsseil" darf höchstens so lange sein, dass keine zweite Person in die Spalte fallen kann.

Nur wer die Spaltenbergung häufig übt wird im Ernstfall schnell helfen können.

Spaltensturz (Lose Rolle)

Ein Spaltensturz ist ungefährlich, sofern richtig angeseilt und das Seil beim Begehen eines Gletschers leicht gespannt wird. Aufgenommene Seilschlingen erhöhen den Fangstoß enorm.
Ein Spaltensturz wird gehalten indem man sich, entgegen der Zugrichtung in den Schnee fallen lässt und, mit Hilfe der Füße und des Eispickels bremst. Während des Sturzes schneidet das Seil in den Spaltenrand ein und erzeugt dadurch eine zusätzliche Bremswirkung.

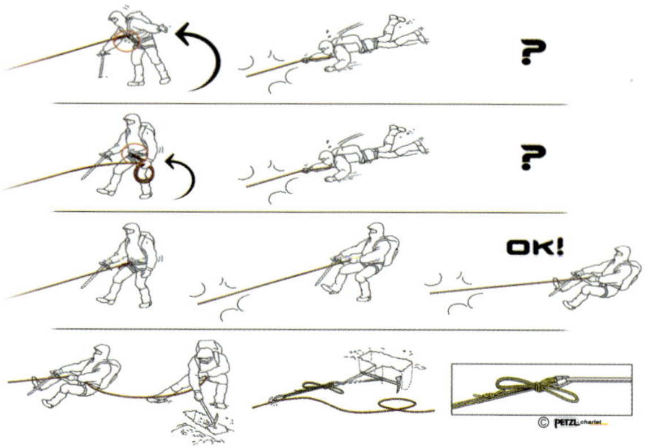

Halten eines Spaltensturzes und Vorbereitung eines Fixpunktes

Bergung des Gestürzten bei einer Dreier-Seilschaft

1. Die restlichen Seilschaftsmitglieder halten den Gestürzten. Bau des Fixpunktes (T-Anker, Eisschrauben).
2. Mittels Tibloc und Reepschnur wird die Last über den HMS mit einem Schleifknoten auf den Fixpunkt übertragen.
3. Die Helfer sichern sich mit einer Reepschnur mittels Prusikschlinge.
4. Gesichert zum Spaltenrand gehen und nach dem Gestürzten sehen. Restseil mit einer Seilrolle doppelt hinunterlassen. Der Gestürzte hängt sich die Seilrolle in seinen Anseilpunkt ein.
5. Zugseil über Schulter nehmen und den Gestürzten rausziehen. Dabei mit einem Prusik (Seilrücklaufsperre) den Gestürzten sichern, damit er nicht in die Spalte zurückrutschen kann.

Spaltenbergung (Lose Rolle)

Die Lose Rolle ist die einfachste Möglichkeit der Spaltenbergung bei kleinen Seilschaften. Wie bei allen Methoden der behelfsmäßigen Rettung, können spezielle Ausrüstungsteile (z. B. Tibloc, Minitraxion, Seilklemmen) sehr hilfreich sein, da sie den Aufbau beschleunigen und Reibung vermindern.

Tipps zur Spaltenbergung

- Wenn der Spaltenrand gepolstert wird (Rucksack, Ski, Pickel) schneidet das Seil nicht so stark in den Spaltenrand ein.
- Wenn der Gestürtze über einen überwächteten Spaltenrand gezogen wird, muß man besonders vorsichtig sein.

Der Gestürzte kann schnell geborgen werden, wenn die richtige Technik angewendet wird. Voraussetzung ist allerdings, dass das notwendige Material und Wissen vorhanden ist.

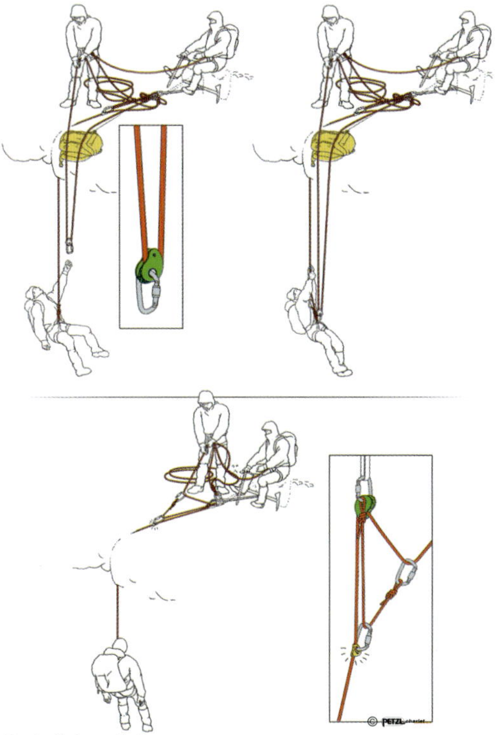

Spaltenbergungsmethode die Lose Rolle

Ausgraben von Lawinenverschütteten

Ruhe bewahren. Zuerst Überlegen, dann Handeln.

- Nach der Punktortung und einer genauen Lokalisierung mit Hilfe der Lawinensonde wird sofort mit dem Ausgraben begonnen.
- Die Sonde bleibt während des Ausgrabens zur Orientierung stecken.
- Nach Möglichkeit nicht von oben, sondern von der Seite graben.
- Wird der Verschüttete erreicht, Kopf vorsichtig freilegen.
- Die Atemhöhle nicht zerstören, und das Gesicht vor nachrutschendem Schnee schützen.
- Die Atemwege von Schnee und Schmelzwasser freimachen.
- Sind mehrere Personen verschüttet ist das LVS-Gerät des bereits geborgenen Opfers auszuschalten, damit die Suche nach anderen Verschütteten erleichtert wird.
- Erste-Hilfe-Maßnahmen ergreifen (ABC-Regel, feuchtheiße Packung).
- Der Verschüttete wird erst unmittelbar vor dem Abtransport aus den Schneemassen geborgen, weil er dort besser vor Wind und Wetter geschützt ist (Auskühlung).

Vorgehensweise beim Ausgraben

1. Folgende Faktoren prüfen

- Atmung? Atemhöhle vorhanden?
- Ist die Person bei Bewusstsein?
- Ist ein Puls (Circulation) spürbar?
- Sind Zeichen einer allgemeinen Unterkühlung vorhanden?
- Sind sichtbare Verletzungen zu erkennen?

2. Nach dem Bergen

- Das Lawinenopfer nach dem Bergen vor weiterer Auskühlung schützen.
- In der Lawine kühlt der Körper um ca. 3° Celsius und außerhalb um etwa 6° Celsius pro Stunde ab.
- Unterkühlte Personen nicht aktiv bewegen lassen. Das kalte Schalenblut würde sich mit dem wärmeren Kernblut vermischen. Dies kann zum Herz-Kreislaufstillstand führen (after drop = Bergungstod).
- Schneller und schonender Abtransport.

Sofortmaßnahmen bei Unfällen

Bergrettung

Schnelles Handeln kann Leben retten

Das rasche Erkennen einer medizinischen Notfallsituation infolge akut auftretender Funktionsstörungen der lebenswichtigen Organe, erfordert zunächst die Klärung folgender Fragen:

1. A = Atmung
   Atmet der Verletzte nicht oder lediglich ungenügend?
2. B = Bewusstsein
   Ist der Verletzte bewusstlos oder bewusstseinsgetrübt?
3. C = Circulation
   Hat der Verletzte eine Kreislaufstörung?

ABC-Regel: Das wichtigste Handlungsschema um in extremen Situationen Leben zu erhalten.

Aus diesen Bereichen ergibt sich das A B C der Elementarmaßnahmen.
Ziel der Sofortmaßnahmen ist die Wiederherstellung und Sicherung einer ausreichenden Sauerstoffversorgung des Verletzten.
Mit dieser einfachen Regel kann dem Verletzten jederzeit Hilfe geleistet werden um die lebenswichtigen Funktionen aufrecht zu erhalten.

A = Atmung

Kontrolle, ob eine Eigenatmung vorhanden ist. Dazu den Kopf des Verletzten überstrecken und hören, sehen (Bauchdecke) sowie fühlen, ob der Betroffene atmet. Wenn nötig, Atemwege freimachen und beatmen.

B = Bewusstsein

Das Bewusstsein wird überprüft, indem man den Verletzten anspricht und an der Innenseite der Oberschenkel oder am Kinn kneift. Wenn keine Reaktion feststellbar ist, wird der Verletzte in die stabile Seitenlage gebracht.

C = Circulation

Kontrolle der Herzschläge. Dazu den Puls an der Halsschlagader oder an der Handschlagader fühlen. Wenn kein Puls feststellbar ist, muß eine Herz-Druck-Massage durchgeführt werden.

Besondere Verletzungen

Verletzungen durch Eisgeräte und Steigeisen

Kommt es im Umgang mit Steigeisen und Eisgeräten zu Unfällen, dann sollten Sie die richtige Vorgehensweise bei derartigen Verletzungen beherrschen.

Riss- und Platzwunden

Beim Entfernen des Eisgerätes oder durch einen Sturz kann man sich mit dem Eisgerät oder Steigeisen eine Verletzung zufügen. Hauptgefahr bleibt nach wie vor Eis- und Steinschlag.

Für weiterführende Informationen verweisen wir auf das Buch: Erste Hilfe Bergrettung vom AM-Berg Verlag.

Symptome

- aufgeplatzte, aufgerissene Hautschichten mit leichten bis starken Blutungen.
- lokale Schmerzen und Schwellung.

Erste Hilfe Maßnahme

- Sofortige Druckausübung mit einer keimfreien Wundauflage, bis zur Ruhigstellung der Blutung.
- funktionell, haftender Verband.
  Sollte sich die Blutung nicht reduzieren, muß ein Druckverband angelegt werden.

Starke Prellung

Ursache von Prellungen sind stumpfe Stöße oder Schläge auf das betroffene Körperteil durch ein Eisgerät oder Stein- und Eisschlag.

Symptome

- ausgeprägte sichtbare Beule (Hämatom)
- Schmerzen im Bereich der Prellung

Erste Hilfe Maßnahme

- Sofortige Kühlung (Kurzzeitanwendung max. 2 min) der Verletzung mit Schnee- oder Eis. Wichtig hierbei ist die kontinuierliche Ausübung der Kühlung unter Druck.

Verletzung durch Eisgerät mit Hämatombildung

Herz-Lungen-Wiederbelebung bei Lawinenverschütteten

Beurteilung nach dem Ausgraben

1. Vitalfunktionen: Atmung, Bewusstsein, Circulation kontrollieren!
2. Atemhöhle vohanden?
3. Keine Atmung des Opfers: Sofort beatmen!

Dauer der Verschüttung bis 35 min

- Vitalfunktionen intakt
- Keine schweren Verletzungen

→ Prophylaktisch feucht-heiße Packung anlegen

Herz-Kreislaufstillstand
- Keine Atmung
- Kein Bewusstsein
- Keine Circulation

→ Herz-Lungen-Wiederbelebung

Dauer der Verschüttung ab 35 min

- Vitalfunktionen intakt
- Keine schweren Verletzungen

→ Feucht-heiße Packung anlegen Hilfeleistung je nach Notwendigkeit

Herz-Kreislaufstillstand
- Keine Atmung
- Kein Bewusstsein
- Keine Circulation

→ Herz-Lungen-Wiederbelebung

→ Gefahr durch „Bergungstod“ („after drop“)

schwere allgemeine Unterkühlung (Stadium II-IV)

Deshalb Ausgraben und umlagern so sanft wie möglich

Allgemeine Unterkühlung

Aktives Bewegen des Unterkühlten führt zu einer Vermischung des Kernblutes mit dem kalten Blut in der Peripherie. Die Folge ist ein Herzstillstand. Der Bergungstod (after drop)

Absinken der Körpertemperatur unter 37° C

Damit der Stoffwechsel des menschlichen Organismus reibungslos funktioniert, benötigt der Mensch eine konstante Körpertemperatur von ca. 37° C. Bei starker Kälteeinwirkung von außen ziehen sich die peripheren Gefäße der Extremitäten (Arme, Beine, Kopf) zusammen, so dass primär der Körperkern mit seinen lebenswichtigen Organen (Herz, Lunge, Gehirn, Nieren und Leber) versorgt wird. Dieser Vorgang wird als „Zentralisation“ bezeichnet und stellt einen wirksamen Selbstschutz des Organismus für das Überleben dar.

Der einzige Nachteil dieses Überlebungsphänomens, ist das vermehrte Auftreten lokaler Erfrierungen.

Ursachen

- tiefe Temperaturen, in Verbindung mit starkem Wind
- hohe Luftfeuchtigkeit
- große Höhen
- geringe Funktionalität der Bekleidung
- Erschöpfung, Verletzung
- Wassermangel, erhöhter Alkoholgenuss
- erhöhter Nikotingenuss
- Notbiwak
- Unerfahrenheit mit dem Umgang von Kälte

Die vier Stadien der Unterkühlung

- Erregungssteigerung (Körperkerntemperatur ca. 37-34° C.)
- Erregungsabnahme (Körperkerntemperatur ca. 34-30° C.)
- Lähmungsstadium (Körperkerntemperatur ca. 30-27° C.)
- Scheintod / Tod (Körperkerntemperatur ca. 27° C.)

Damit der Ersthelfer ein Handlungsschema für die lebensrettenden Maßnahmen parat hat, sind nachfolgend die vier Stadien der Unterkühlung aufgelistet. Je nachdem in welchem Unterkühlingstadium sich der Bergsteiger befindet, ersichtlich aus den unterschiedlichen Symptomen, müssen spezifische Erste-Hilfe-Maßnahmen eingeleitet werden.

Allgemeine Unterkühlung

Symptome

- Klares Bewusstsein, erregt, verwirrt
- Kältezittern
- Schneller Puls; schnelle, vertiefte Atmung
- Schmerzen (vorwiegend Hände und Füße)

Erste-Hilfe-Maßnahmen

- Schutz vor weiterer Auskühlung
- Feuchte Kleidung durch trockene ersetzen
- Vorsichtig bewegen
- Heiße, gezuckerte Getränke; kein Alkohol

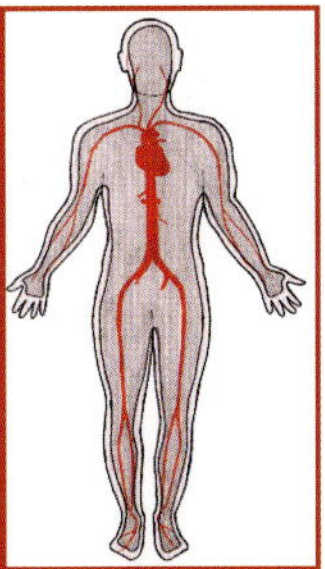

Erregungssteigerung

37°- 34°

Symptome

- Bewusstsein eingetrübt, jedoch ansprechbar
- Kein Kältezittern
- Puls und Atmung langsam und unregelmäßig Schmerzen lassen nach

Erste-Hilfe-Maßnahmen

- Schutz vor weiterer Auskühlung
- Feucht-heiße Wärmepackung!
- Nur passiv bewegen
- Extremitäten nicht massieren

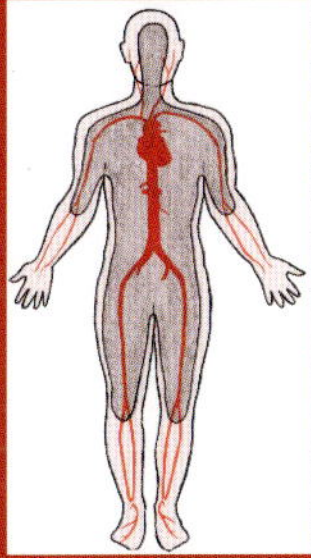

Erregungsabnahme

34°- 30°

Akute Lebensgefahr!

Symptome

- Bewusstlosigkeit
- Kaum tastbarer Puls; Atmung unregelmäßig
- Keine Reaktion auf Schmerzreize
- Weite Pupillen, die auf Licht reagieren

Erste-Hilfe-Maßnahmen

- Schutz vor weiterer Auskühlung
- Feucht-heiße Wärmepackung!
- Auf keinen Fall Kleidung wechseln
- Nicht aktiv bewegen (after drop)
- Wenn unbedingt nötig, vorsichtig (passiv) umlagern

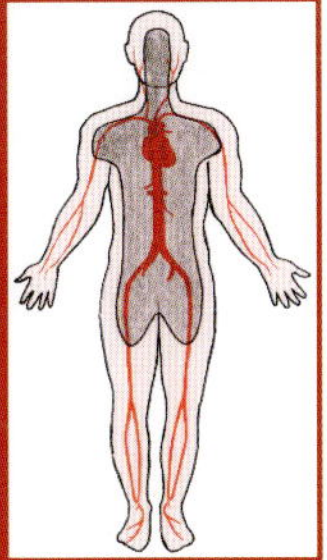

Lähmungsstadium

30°- 27°

Symptome

- Tiefe Bewusstlosigkeit
- Kein Puls
- Keine Atmung
- Weite Pupillen, reagieren nicht auf Licht

Erste-Hilfe-Maßnahmen

- Schutz vor weiterer Auskühlung
- Feucht-heiße Wärmepackung!
- Sofortige, lückenlose Herz-Lungen-Wiederbelebung hat Vorrang vor allen anderen Maßnahmen 30 Herzdrücke pro Minute reichen

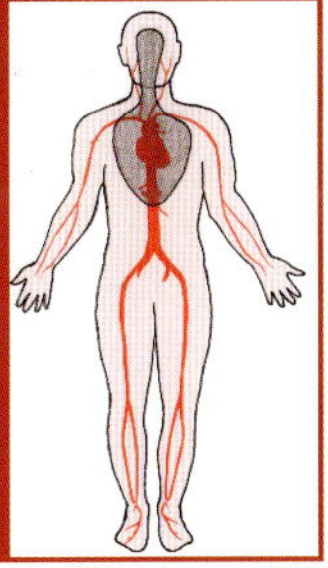

Scheintod/Tod

>27°

Die grauen Bereiche stellen die Zentralisation der momentanen Körperkerntemperatur dar

Behelfsmäßige Wärmepackung

Bergrettung

Bild 1
behelfsmäßige Ausrüstung

Bild 2
drei Gore Jacken überlappend auslegen

Bild 3
Alufolie nur im Brustbereich auslegen, Unterkühlten hinlegen

Bild 4
feucht heiße Packung (z.B. T-Shirt, Hemd)

Bild 5
feucht heiße Packung unter die Jacke auf den Brustkorb legen

Bild 6
Alufolie dicht verschließen

Bild 7, 8, 9
Jacken von oben nach unten schließen

Bild 10
Biwaksack anlegen

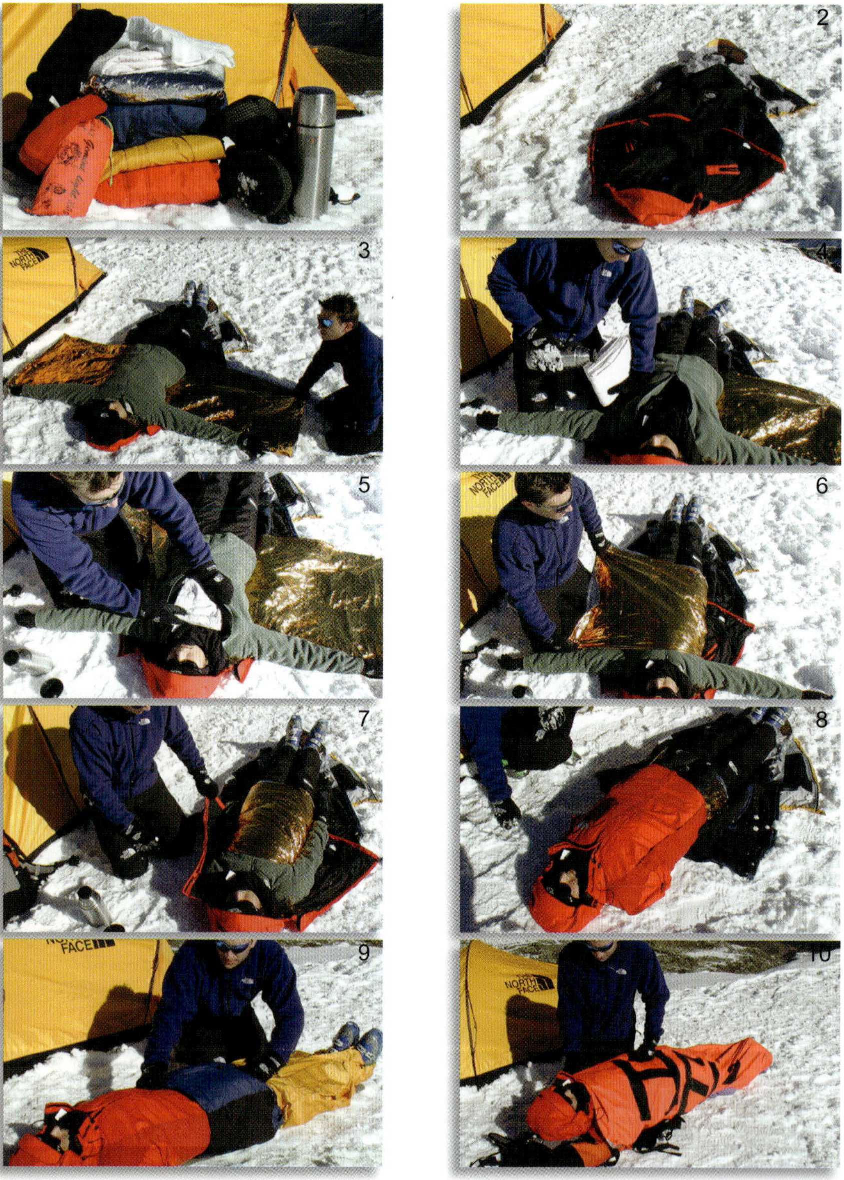

Örtliche Erfrierungen

Kältereize führen zu einer Engstellung der Gefäße und somit zu einer Drosselung der Blutzufuhr in der Peripherie. Wind und Nässe erhöhen die Kälteeinwirkung um ein Vielfaches, so dass auch bei Temperaturen über 0° Erfrierungen möglich sind.

Das Absinken der Körpertemperatur unter den Sollwert bei der allgemeinen Unterkühlung ist lebensgefährlicher als eine lokale Erfrierung. Deshalb muß diese immer vorrangig behandelt werden.

Besonders gefährdet sind

- Finger
- Zehen
- Nase
- Ohren
- Wangen

Ursachen

- geringe Flüssigkeitsaufnahme
- Flüssigkeitsverlust (führt zur Blutverdickung)
- hohe Luftfeuchtigkeit
- hohe Windgeschwindigkeiten
- Kälte und Sauerstoffmangel
- schlechte körperliche Verfassung

Vorbeugung

- große Mengen an Flüssigkeit aufnehmen (viel trinken)
- sehr guter Allgemein- und Trainingszustand
- perfekte Ausrüstung (Handschuhe, Mütze, Jacke, Sturmmaske)
- erhöhte Vorsicht bei starkem Wind
- regelmäßiger Partnercheck
- feuchte oder verschwitzte Socken, Handschuhe etc. wechseln

Örtliche Erfrierungen

Symptome der örtlichen Erfrierung

1. Erfrierungsgrad	2. Erfrierungsgrad	3. Erfrierungsgrad
Kälte, Blässe (grau-weiß-Färbung), leichte Schwellung, lokale Gefühllosigkeit, lokal stechender Druckschmerz	Blasenbildung mit serösem Inhalt, Rötung, Schwellung	Blau-schwarzes Gewebe (Nekrose), hart gefrorene Gewebeschichten, starke Schwellung, völlige Gefühllosigkeit,
■ sofort erkennbar	■ erst nach 1–3 Tagen voll erkennbar	■ erst nach 1–2 Wochen erkennbar

Ein gegenseitiger Partnercheck ist unerlässlich. Nur so können Erfrierungzeichen (weiße Flecken) rechtzeitig erkannt und verhindert werden.

Erste-Hilfe-Maßnahmen im Gelände

- einengende Kleidung öffnen
- nasse Kleidung wechseln
- bewegen, bewegen, bewegen
  (sofern keine allgemeine Unterkühlung vorliegt)
- warme, gezuckerte Getränke
- bei Erfrierungsanzeichen im Gesicht müssen „warme Hände“ aufgelegt werden
- taube Finger werden in die Achselhöhle des Helfers gesteckt
- wenn nötig wird ein keimfreier und lockerer Verband angelegt

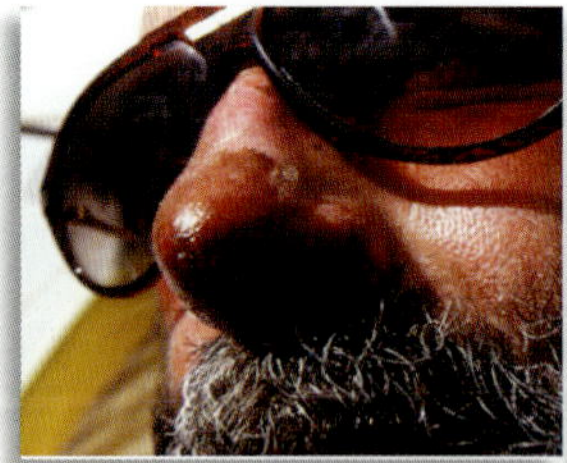

1. Grad; ohne bleibende Schäden

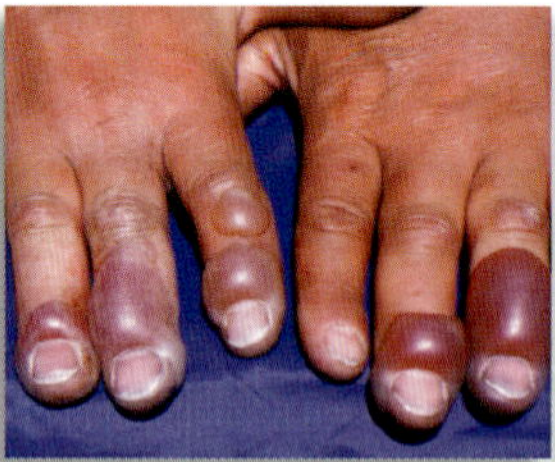

2. Grad; weitgehende Regeneration

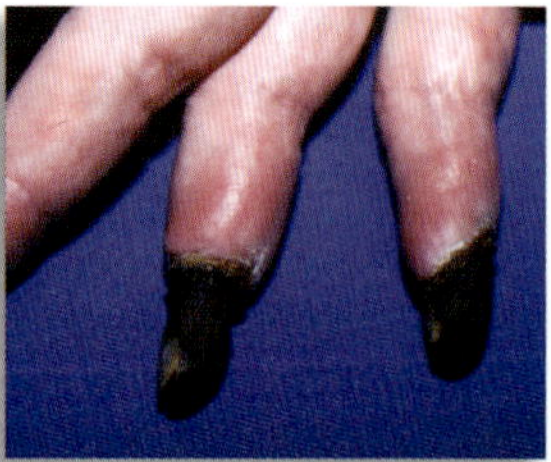

3. Grad; in Folge Endgliedamputation

Örtliche Erfrierungen

Erste-Hilfe-Maßnahmen in der Hütte

- Das betroffene Körperteil in ein kühles bis handwarmes Wasserbad eintauchen. Allmählich so viel heißes Wasser zufügen, wie es die Schmerzen des Verletzten gerade noch zulassen. Nach spätestens 30 min muß das Wasserbad beendet sein (Hautaufweichungen).
- Ständiges und aktives Bewegen der Finger und Zehen.
- Vorsichtig abtrocknen.
- Lockeren und keimfreien Verband anlegen.
- Warme Getränke verabreichen.
- Bei angefrorenen Füßen, den Betroffenen nicht gehen lassen.
- Wenn nötig, muß ein Schmerzmittel verabreicht werden.
- Schnellstmöglich einen Arzt konsultieren.

Von folgenden Maßnahmen ist dringend abzuraten

- einreiben mit Schnee (Hautverletzungen)
- Blasen öffnen (Infektionsgefahr)
- Nikotin und Alkohol verabreichen
- Erwärmung durch offene Feuerstellen (trockene Wärme)
- Erfrierungen wieder einfrieren lassen!

Kälteschmerzen sind ein Anzeichen drohender Erfrierungen und dürfen niemals ignoriert werden.

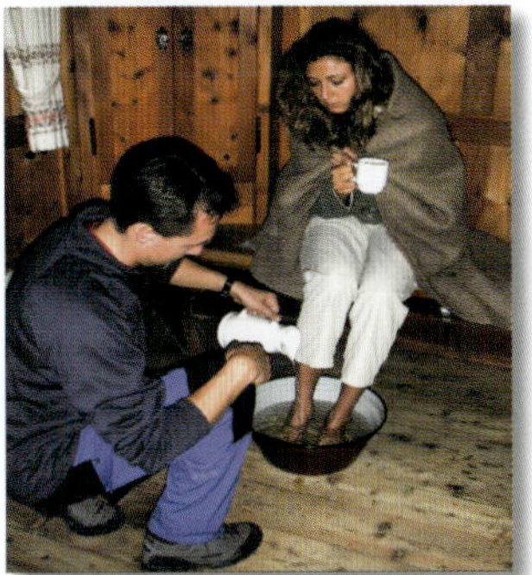

Erste-Hilfe-Maßnahme in der Hütte

Windgeschwindigkeit	empfundene Temperaturen auf der Haut			
0 km/h	0°	-10°	-20°	-30°
18 km/h	-8°	-21°	-34°	-46°
36 km/h	-15°	-30°	-44°	-59°
54 km/h	-18°	-34°	-49°	-65°
72 km/h	-19°	-36°	-52°	-67°

Auswirkung der Windgeschwindigkeit auf den Körper (windchill)

Impressum

Wir haben für all diejenigen, die sich mit dem Thema: Eistouren und Eisklettern beschäftigen möchten, diese Spielform des Alpinismus aufbereitet.

Unser Ziel: komplizierte Sachverhalte kurz, präzise und praxisbezogen darzustellen.

Eiskletter know-how

Erschienen im AM-Berg Verlag

1. Auflage 2004 ISBN 3-9807101-6-5
Diese Broschüre ist in allen Buchhandlungen in Deutschland, Schweiz, Österreich und Italien erhältlich.
Alle Bücher können auch über den online-Shop unter www.am-berg-verlag.de bezogen werden

Text: Günter Durner, Alexander Römer
Lektorat: Heide Plott, Susi Plott

Fotos: Günter Durner, Alexander Römer, Susi Plott, Dr. med. W. Treibel (Seite 66)

Layout, Grafik, Satz: Günter Durner, mit freundlicher Unterstützung von Astanelli
Druck: Athesia, Innsbruck

Die Autoren

Günter Durner

Er liebt Herausforderungen und stellt sich gerne neuen Aufgaben. Das spiegelt sich in seinen umfangreichen beruflichen Qualifikationen wieder. Er ist Betriebswirt, Organisationsprogrammierer, staatlich geprüfter Berg- und Skiführer, Canyoning-Führer und zertifizierter Management-Trainer.
Seit 1995 führt er die Firma AM-Berg Alpines Managertraining, die Seminare für Führungskräfte durchführt. Als staatlich geprüfter Bergführer war er bereits im gesamten Alpenraum unterwegs und kann darüber hinaus auf eine Reihe von Erstbegehungen bis zum 9. Schwierigkeitsgrad zurückblicken.

Alexander Römer

Der examinierte Sportphysiotherapeut verbringt fast jede freie Minute in den Bergen. Als staatlich geprüfter Berg- und Skiführer führt er zahlreiche Fels-, Eis- und Skitouren in den Ost- und Westalpen, sowie in Süd- und Nordamerika durch. Das Hauptaugenmerk des ambitionierten Bergsteigers liegt im Risiko- und Sicherheitsmanagement für alle Spielformen des Alpinismus. So organisiert und leitet er regelmäßig Sicherheitsseminare und Sicherheitstrainings für die Bergsportindustrie, AM-Berg Alpines Managementtraining sowie für die Technische Universität München. Darüberhinaus ist er mehrfacher Autor und Verfasser zahlreicher Publikationen. (www.fit-am-berg.de)